あなたの「運命の本」
が見つかる

星のビブリオ占い

星と本の専門家
星尾夜見
Yomi Hoshio

サンマーク出版

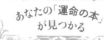

「運命の本」があなたを待っています。
その本はあなたの魂と共鳴し、
世界を一変させてくれます。

つらいとき、迷ったときも、
うれしいとき、あなたの道を見つけたときも、
あなたに寄り添い、支えになってくれる
本にはそんなエネルギーがあるのです。

さあ、「星のビブリオ占い」で、
あなたの「運命の本」を見つけましょう。

PROLOGUE

あなたの運命を変える本は、星が教えてくれる

あなたの魂と本が共鳴する理由

たった一度の出会いで、人生観、そして運命が変わる――。

人は〝出会い〟によって人生が豊かにもなり、また逆に破綻することもあります。

その出会いは人だけでなく、時に〝本〟のこともあります。

そんな「運命の本」とは、人生を大きく変えてくれる一冊。

「星のビブリオ占い」とは、あなたの運気を高め、運命の本を見つける占いです。

運命の本は、あなたの魂と共鳴を起こします。

すると、**あなたの運命が動き出し、魂に刻まれた使命を歩み出すことができる**のです。それは思いもよらなかった、運がいい人生になるでしょう。

なぜ、本には魂と共鳴するような力があるのでしょうか。

じつは、本には情報だけではなく、「エネルギー」が宿っているからです。

また、私たちにもそれぞれ生まれ持った「魂のエネルギー」があります。

魂のエネルギーと本が共鳴を起こすのです。


まずは、魂のエネルギーについてお話ししましょう。

生まれたときの「天体」、つまり**誕生したときの天体の配置で魂の傾向やエネルギーが決まります。**これが魂のエネルギーであり、魂に宿る星のエネルギーです。

この考え方は、「占星術」であり、雑誌やテレビなどでよく目にする、いわゆる12星座占いです。この考えを信じる人も信じない人も、「自分の星座は把握している」という人は多いでしょう。

迷信だと思う人もいるかもしれません。ですが、実際のところ、占星術は太古の昔から存在し、現代に至るまで綿々と続いてきた「学問」でもあるのです。

じつは、**一人ひとりが生まれたときから星のエネルギーを内包しているように、本にも一冊一冊、違ったエネルギーが宿っている**のです。

著者の星座に影響を受けたエネルギーをはじめ、出版された日、またその本自体の固有のエネルギーも含まれています。

そのため本を読むことはもちろん。**ただ手にするだけでも、本に宿るエネルギーと魂に宿る星のエネルギーが共鳴し、運命が動き出すのです。**

普段から読書をする方なら、

「書店でたまたま目に留まった本を開いたら、自分のほしい答えが載っていた」

「たまたま、知人からもらった本がきっかけで、人生が大きく変わった」

といったように、本の持つ見えないエネルギーをなんとなく感じている人もいることでしょう。

私自身、これまでに「運命」と呼べる本に出会うことで、星と本のエネルギーを味方にしてきました。味方にすると運気が上がって、**不思議と物事のタイミングが合うようになり人生が加速していきました。**

本のエネルギーを、なんとなく感じる程度の受け身の姿勢でいてはもったいない。

明確に意図して取り入れることで、それはより強力なエネルギーとなります。

「本とあなたが共鳴する＝運命の本に出会うこと」で、あなたの進みたい方へと向かう原動力となってくれるのです。

星と本の専門家だからこそ、お伝えできること

申し遅れました。私は星尾夜見《ほしおよみ》と申します。

占星術研究家であり、年間3000冊以上、これまで2万5000冊を読破してきた読書家でもあります。

占星術と読書をいかし、ビジネスコンサルタントをしており、上場企業の役員から、地方の有力企業の経営者、ベストセラー作家やアーティストなどをクライアントに持っています。

占星術と付き合うようになった最初のきっかけは、祖母の影響でした。

祖母は日々の暮らしの中に、ごく当たり前に占いを取り入れていました。そのため、物心ついた4歳くらいから、占星術や四柱推命は常に生活の中にありました。

祖母は占い師ではなかったのですが、元々体が弱く、私が生まれた頃と前後して、生死をさまよう大病を患っていました。

祖母は現代医療に頼るだけでなく、神社にお参りに行ったり、お経を唱えたりなど、目に見えない力の助けを借りて、命を少しでも延ばそうとしたのです。そのおかげもあるのか結局、**祖母は余命を宣告されてから30年ほど生き延びました。**

祖母の影響を受け、幼い頃から祖母からアドバイスをもらいながら運勢を見ていました。中学生くらいになると、自分でも星の配置を気にするようになりました。

そのうち、星と占いの世界にどっぷりとハマって、何をするにもまず占星術を頼るようになってしまったのです。当時の口ぐせは、「今日は運気がいい」「あの人とは相性が悪い」などと、自分の行動のすべてを星に頼って決めていました。そのため、大学受験の際も占星術で受験する学校を決めていました。

ただ、それまで占星術のおかげでうまくいっていた人生も、いつしか、自分の意思や努力することよりも、**星の力に頼りすぎてうまくいかなくなっていきました。**

星に盲目的になると星に裏切られるもの。当然受験はうまくいかず、浪人する羽目に。そこから、私は星との付き合い方を考え直しました。

この経験から、占星術とはある程度距離を置いて、ある種の天気予報のように捉えるようになったのです。


そんな占星術と距離を置いたとき、不思議な巡り合わせで一冊の本と出会いました。

当時の私は、本を読むのが苦手でなかなか読書できないタイプでした。

しかし、あるビジネス系の英語学習の本に出会って、驚くことが起こったのです。

魂が震え、一気に読破することができたのです。

そこから、私の人生は変わりました。

まさに運命の本に出会ったのです。

「本には神さまが宿っている」ということをご存じですか？

本のおかげもあり、都内のキリスト教系の大学に入学。

はじめて触れた『聖書』で、いまの自分の礎となる次の一文と出会いました。

「はじめに言葉ありき。言葉は神とともにあった。

言葉は神であった。神は言葉とともにあった」

ごくシンプルに要約すると、言葉はすなわち神さまであるということです。

第2章でくわしく紹介しますが、私自身が持つ星座、蠍《さそり》座のパワーを高めたいときには、「本質が書かれている本」がピッタリなのです。

『聖書』は、人類の歴史の中でもっとも古く長く読まれ続けている本。さらに、本が読めるきっかけになった英語に関する本も、そんな「本質」を表す一冊だったのです。

当時の私は特に意識することなく手に取ったわけですが、**それも出会うべくして出会った運命の一冊だったのだと、いまならわかります。**

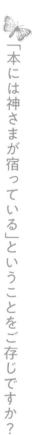

そんな運命の本に出会って以降、さまざまな本を読めるようになり、大学の成績も上位になり、転部できるまでに。さらには、学生起業までするようになりました。

ちょっと極端かもしれませんが、『聖書』にあったこの一文をきっかけに、私は言葉に宿る力に気づきました。

そして、もしかすると「言葉は神であった」というだけでなく、**本そのものも神さまのように人生を変えるようなエネルギーがあり、身近なパワースポットなのでは**……という仮説を立てるようになりました。

本を読む習慣が身についた私は、次第にさまざまな速読や多読を実践し、膨大な量の本を読むようになりました。

その中で、**自然と本のエネルギーをいわゆる〝第六感〟で感じるようになっていきました。**直感的に「この本は自分に合っている」「この本はとてもいまの時代に必要な大きなエネルギーを秘めている」……などです。

元々幼い頃、神社に入ると「こっちに行きなさい」という声が聞こえたり、誰もいないときに自分のガイド（守護霊）と会話していたりという、見えない存在やエネルギーに敏感なところはありました。

封印していたその第六感が、膨大に本を読むことで目覚めたのかもしれません。

あるとき、まだ発売前の本を出版社で手にする機会がありました。

その本を持ったとき、雷に打たれたような衝撃が走りました。その神社に関する本は、のちのちムーブメントを起こすようなベストセラーになりました。

またあるときは、**書店に入った瞬間に〝光っている〟と感じる本**に出会い、読んでみるとそのときの私に必要なばかりか、のちのちベストセラーになり多くの人に影響を及ぼしているのを知りました。

そんな多数の経験から、まさに**「本には神さまが宿っている」ということを確信したのです。**

12星座別、さらに天体の現象に見合った読書の仕方がある

しばらくは、本のエネルギー研究と占星術を別々で用いてきました。

ですが、ビジネスコンサルを手掛けるようになると、**最終的には占星術と読書を基にしたアドバイスが効果的なことがわかってきました。**

そのアドバイスの結果、クライアントの企業は「人事がうまくいき、人間関係が良くなった」「どん底から売り上げが何倍にもなった」「年商が億を超えた」など、さまざまな奇跡が起こるようになりました。

そこからさらに研究を進めると、**生年月日による星の配置から導く12星座のエネルギーから、星座別の特性に合った本があることがわかってきました。**

例をご紹介しましょう。

ある牡羊座《おひつじ》の30代の経営幹部男性に、経営思想家のエイミー・C・エドモンドソンの『**チームが機能するとはどういうことか**』を紹介しました。この本は、第2章の

牡羊座の項目でもお話ししますが、集団で生きる力を養うのにおすすめの本。

この本がきっかけで、営業チーム内の連携が深まり、クライアント件数が大幅に増加、案件の幅も広がったそうです。

また、ある山羊《やぎ》座の医療関係で働く30代の女性がいました。彼女は自分らしい恋愛ができないと悩んでいました。山羊座の性質は、コツコツと習慣づけることが得意。そこで、同じ山羊座生まれの作家ジョン・グレイが書いた『**ベスト・パートナーになるために**』を紹介。

その本がきっかけで、恋愛感が変わり、理想的なパートナーに出会い結婚し、この間、出産したというれしい報告をしてくれました。

このように、12星座別におすすめできる本だけでなく、状況に応じて、**自分以外の12星座別の本のエネルギーを取り入れることができる**こともわかってきました。

たとえば、牡羊座は12星座の始まりの星。

スタートのエネルギーが強く、何か新しい活動を始めるのにもピッタリなエネルギーを持っています。

何か新しいやりたいことがある人は、**牡羊座のエネルギーを持つ本を読むことで、そのときの想いと本のエネルギーがうまく共鳴し、行動につながることもある**のです。

また、そのときの星の配置、新月、満月、水星逆行などといった**私たちの運勢に影響を与える天体の現象のときに、見合った読書法がある**こともわかってきたのです。

こちらは、第4章でくわしくお話しします。

「星のビブリオ占い」で楽しい本との出会いをあなたへ

ここまでで、「星のビブリオ占い」は、星座別や天体の現象によって運命の本を見つけたり、読書したりする……ということがおわかりになったでしょう。

ですが、じつはそれだけではないのです。

そもそも占いとは、大きく3つに分類されます。

「命占《めいせん》」「卜占《ぼくせん》」「相占《あいせん》」の3つです。

「命占」は、**生年月日などの不変的情報を基にした占い。**
「卜占」は、カードなどのアイテムで、**偶然の要素を使って吉凶や近未来を占う**もの。
「相占」は、ものの形である**「形状」を見ることでその人の状態や未来を占う**ものです。

「星のビブリオ占い」は、お伝えしてきたように**生年月日である12星座から導く**「命占」にあたる要素があります。

さらに、**書物のページを無作為に開き、単語や節を選ぶ**という「ビブリオマンシー」を進化させた「卜占」の要素もあります。

また、**選んだ本の表紙からメッセージをもらったり、日頃その本を持ち歩くことでパワーを得たりする**「相占」の要素もあります。

この3つの要素が絡み合い確立したのが、この本でお伝えする「星のビブリオ占い」なのです。

このようにお話しすると複雑なのではと思ってしまうかもしれませんが、どうか気軽に楽しんで取り入れてくださいね。
あなたに、新たな本との素敵な出会いがありますように。
いまある本から新たな発見がありますように。
そして、星と本のエネルギーであなたの人生がより良くなりますように。
さあ、お話ししていきましょう。

星尾　夜見

星のビブリオ占い

CONTENTS

第Ⅰ章　本に宿るエネルギーの不思議

第2章

12星座別「運命の本」の見つけ方

第3章

運命の本との「出会い方」・運命を動かす「読み方」

第4章

新月・満月、そして水星・金星逆行の読書術

第5章

星が教えてくれる未来の読書

ブックデザイン：土屋和泉（Studio Wazen）
一部画像出典元：LittleDream
（https://a-littledream.com）
DTP：朝日メディアインターナショナル
編集協力：渡邊康弘
江角悠子
株式会社ぷれす
編集：金子尚美（サンマーク出版）

第 I 章

本に宿る
エネルギーの不思議

本を読んで魂が震えるのはなぜ？

本の表紙を見た瞬間、妙にひかれる。

本をパッと開いたときに、ゾクゾクする。

読み進めるごとに、のめり込んでいく。「ああ、私のことが書かれている」「やられた」「これ私がずっとやりたかったこと」と感じる。読み終えた後の高揚感。**読む前にはもう戻れない、何かが動き始めたという不思議な感覚。**

あなたは、このような**本を読んで魂が震えるような……そして、人生が一変する**という経験はありますか？　もちろん、まだなくても大丈夫。

そんな「運命の本」があなたを待っています。


なぜ、本で魂が震えるのでしょうか？

書かれている内容や情報に、感動したから？

あなたを感動させ人生を変えた本が、必ずしもあなた以外の人を感動させるかというと、そうではないこともあるでしょう。

その理由は、受け手の感性のせいだけではありません。

その本との共鳴があるか、ないかなのです。本の持つエネルギーと人がうまく共鳴できれば、人生を動かすほどのパワーを得られます。

Prologueでもお話しした通り、それは「本には神さまが宿っている」から。

そうは言っても、「本には神さまが宿っている」と聞くとちょっと〝ひいて〟しまいますね。ここから少し科学的にもお話ししましょう。

まず、「共鳴」についてご説明しましょう。

共鳴とは辞書で調べると、

「振動体が、その固有振動数に等しい外部振動の刺激を受けると、振幅が増大する現象。振動数の等しい二つの音叉《おんさ》の一方を鳴らせば、他方も激しく鳴りはじめるなど」（『デジタル大辞泉』小学館より）

とあります。

たとえば、初対面の人とでも、なんとなく仲良くなれそうだと感じたことはありませんか。まだ相手のことをよく知らない状態で、なぜか「なんとなく気が合うな」と感じることはありますよね。

それは、お互いの心臓の鼓動のタイミングが合っている、心臓の発している周波数（振動数）がかぎりなく近く、調和している状態にあるからといわれています。いわば、ドクン・ドクンというお互いの心臓の鼓動が気持ちいいということ。

これは、「感情」と「心臓」の関係性や、「心臓に知性があること」について研究をしているアメリカ「ハートマス研究所」の研究でわかっています。

心臓のドクン・ドクンというリズムは、一人ひとり異なります。ドクンと1回血液が送り出される時点で臓器は動き、同時に臓器の動く音が鳴り響きます。

ただ、私たちの脳でうまくカットされており、私たちの耳には聴こえません。確かに音は鳴っているので、**それにより周波数は生まれ、確実に存在しています。**

「気が合う」「一緒にいると楽しい」と感じる、この鼓動の波長が合っている状態を

「コヒーレンス（coherence）」といいます。

つまり、共鳴が起こっていることになるのです。

こうして、作り手のエネルギーは本に宿る

この心地好いというコヒーレンスは、「人対人」以外にも起こります。

その「場」と「人」の周波数とが共鳴して起こることもあります。持っている「もの」と「人」の周波数が共鳴して起こることもあります。

たとえば、静かな図書館に行くと、その雰囲気にのまれつられて自分も集中して本を読めたという経験はないでしょうか。他にも、ライブで会場が盛り上がるにつれて会場とひとつになる感覚、一体感を味わう経験もあるでしょう。

また、お気に入りの服やバッグを身に着けるだけでテンションが上がるということもあるでしょう。

それらもコヒーレンスの一種。

人と人が共鳴する。人とものが共鳴し合う。人や場から何かしらのエネルギーをもらう。多くの人が体感していることでしょう。

この原理を知ってか知らでかわかりません。**作家によっては、執筆する場所を重要視している方もいます。**

たとえば、世界的に大ヒットしている漫画『SLAM DUNK』『バガボンド』の作者、井上雄彦氏は、ネームに悩んだり、描けなくなったり、集中力が途切れたりすると、場所を移動してまた書くといった作業をしているそうです。

そのため、いくつものネームを描く場所があって、描けなくなると次々と場所を延々と移りながら、なんとかしてネームをつむぎ出しているとのこと。

移動することでまた描けるようになる。それは、**やはり作家が場所の持つエネルギーに影響を受けているからなのでしょう。**

それはつまり、**新たな空間に身を置くことで、作家と場とのコヒーレンスが生まれているということ。**

作家が本来持っている（星の）エネルギー、プラス作家がその場で感じた周波数によってインスピレーションが湧き、それが文章となり、絵となり、音楽となる。

作り手が共鳴したエネルギーが入って完成するのです。

ちなみに、作り手は作家以外にもいます。編集者やデザイナー、構成担当者、校閲・校正者、印刷会社の担当者などです。それらの作り手の思いやインスピレーションが込められた作品は、どれもエネルギーのかたまりですね。

あなたの手にしている本には、そうしたさまざまな要素で構成されたエネルギーが込められているということ。見えないエネルギーが、本という形に落とし込まれているのです。

共鳴は、「もの」と「人」とでも起こるとお伝えしましたね。

このような見えないエネルギーが落とし込まれた本をただ手に取っただけで、私たちは知らず知らずのうちにそのエネルギーを受け取っているのです。

本に触れた瞬間、パカッと開いた瞬間、本文を読み進めていく過程で……ワクワク

やときめきといった感情が沸き起こるとともに、あなたにエネルギーがドッと送り込まれているのです。

本は「お守り」にもなるその理由とは?

たくさんのエネルギーが込められたものが本。私たちはそんな本を手にした時点で、何かしらの影響を魂レベルで受け取っているのです。

のちほど、本のエネルギーを最大限にいかす方法はお伝えしますが、本を一冊すみからすみまで読んだり、読んだ後にアウトプットをしたりしなくても大丈夫。読もうと思って**本を手にした、それだけでエネルギーはあなたに届いています。**

未読でも持ち歩くだけであなたのことを守ってくれている、私はそう考えます。**いわばお守りやパワーストーンのような効能もあります。**

一冊平均、単行本なら300グラムから450グラム、文庫で200グラム、新書で150グラムとお守りよりもだいぶ重いのが難点ですよね。ただ、その重さ分だけきっちりと守ってくれているのです。

私のクライアントで、通勤や営業の車が本棚になっているという会社役員の方がいます。その役員は、2年連続で車の交通事故に巻き込まれてしまいました。

ただ、事故にあったにもかかわらず、**ちょっとした事故で済んだのは、車の中に、詰め込んでいた本たちに守られたおかげだといいます。**

これはほんの一例。目に見えて現実が動くことがなくても、連絡を取ろうと思っていた人から、偶然メールが届くといったことや、街でバッタリ会うなんてことはしょっちゅうあります。

本を持ち歩いたり、ちょっと読んだりすることで、運が上がって、物事のタイミングがどんどん合うようになっているのですね。

本のおかげであなたの心臓の鼓動が穏やかになる。**その鼓動が伝わって、隣にいる人が笑顔になれる。**自分では気づかないかもしれないけれど、そんなことも起きているのかもしれません。

もちろん、本をちゃんと読むことで、積ん読よりもはるかにエネルギーは受け取れます。いま抱えている問題を解決できそうなヒントが見つかったり、人生を前向きに捉えられたりする言葉に出会えます。


このように、本からいいエネルギーをもらえた場合、思いもしない魔法のようなことも充分に起こりえるのです。


ただし、私たちはどんなエネルギーからも、同じように影響を受けています。

特にいまは不安なニュースも多く、知らず知らずのうちにネガティブな情報を目にする機会も多いでしょう。

そうした情報からも影響を受けており、私たちの心と体は無意識にダメージを負っていることもあります。

だからこそ手に取る本は、あなたにとって良い影響があるものを選んでもらいたいのです。

お願いごとをかなえるメッセージがもらえる「おみくじ的読書法」

本が持つエネルギーもそれぞれで、人が持つエネルギーもそれぞれ。

そのため、いまの自分とはちょっと合わないような、ある意味〝自分よりレベルの高い本〟に出会うこともあります。

そのようなときは、たいてい難しくて読めないと躊躇《ちゅうちょ》したり、自分とは合わないと思ったりして、購入するまでには至らないことがあるかもしれません。

だけど私は難しい本ほど、読みたくなるタイプ。「**はじめは、わからなくてもいいんじゃない**」と思って購入しています。

なぜなら、いまの自分が持っているエネルギーよりも高いエネルギー値を持つ本をそばに置くことで、**自分のエネルギー値を引き上げてもらえるからです。**

では、そんな〝自分よりレベルの高い本〟を、どのようにして私が書店からお迎えしているのかご紹介しましょう。

「おみくじ的読書法」で本のお迎え

1. まず「お願いごと（問い）」を持って書店に入る（例：「収入アップしたい」「痩せたい」「スキルアップしたい」「良い恋愛をしたい」など）
2. 中に入って、少し書店内を歩いてみる。ひかれるコーナーや、表紙やタイトルでひかれるものはないか見回す
3. 気になった本は、片っ端から手に取ってみる
4. 手に取ったら、呼吸を軽く整える（「ゆっくり息を吐いて吸って」を2〜4回）
5. 手に取った本をパラパラさせ、1のお願いごとを思い浮かべ、パカッと開く。目に入ってきた箇所を読む。これを最大6か所繰り返す
6. お願いごとに対するメッセージや、想像もしないような答えが返ってきたら、即お迎え決定。レジへGO！

私にとって、この読み方はある種のおみくじを引くような感覚です。

おみくじは、Prologueでお話しした**「卜占《ぼくせん》」**にあたるものですね。「卜占」は偶然の要素を使って占い、すべての事象は必然であるという考えです。

おみくじは、大吉や吉、凶といった運勢以上に、そこに書かれている詩歌が大事。元は神意を受け取るもの。神さまのメッセージを受け取るものだったのです。

その考えが確信につながったのは、岡野玲子氏の漫画「陰陽師」シリーズとの出会いでした。

『陰陽師』（11　白虎）の巻末に、岡野氏のおみくじの話が載っています。安倍晴明の月三部作を描くために、諏訪大社本宮に参拝を済ませた後に、なぜ諏訪に呼ばれたのか神意を知るためにおみくじを引いたそうです。

その後、おみくじに書かれた歌とその意味を確かめさせるために、**現実が動いていくさま**が描かれています。

この、本をパラパラッとしてパカッとする「おみくじ的読書法」は、私にとって**本**

を通して神さまからのメッセージをもらうような神聖な儀式。

まるで岡野氏のおみくじのエピソードのように、現実が動いていくのをいつも目の当たりにしています。あくまで偶然の一致。それでも、**移り変わる日々の気持ちの整理や、ちょっとした問題のヒントを得るのにこの読み方はおすすめ。**

この読み方なら、本や著者の考えを理解することよりも、**あなた自身に重きを置いているので、内容の理解度は関係ありません。**

大事なのは、あなた自身の願いや問いかけに対して、その本がどのようなメッセージをあなたに語りかけてくれるかなのです。

難しい本は本棚で熟成させることで自分が成長する

このようにしてお迎えした〝自分よりレベルの高い本〟をすぐに無理して読もうとしなくてもいいと思っています。

置いておくだけで、**人はそのものから影響を受けます。**〝自分よりレベルの高い本〞だと思うのは、自分より高い波動だと感じているから。そこから、自然といい影響を受けるようになるのです。

また、いまは理解できない本や、難しいと思えるような本でも、**自分の本棚に加えるだけで、本棚自体のエネルギーも上昇します。**

自分の家の本棚をサッカーチームにたとえるなら、難しくていまは読めない本＝強い選手です。強い選手に入ってもらって、チーム全体の力をアップしてもらうといった感覚です。

もちろん、トップスターばかりを揃《そろ》えてもうまくいかないケースはありますが、自分の家の本棚のレベルを上げるのに、トッププレイヤーを新たにチームに入れてみるやり方は、とても有効です。

買ったときは、難しすぎてよくわからなかったけれど、本棚で寝かせ数年たった後、偶然開いてみたときにわかることもあります。

難しい本を理解することは、複雑なワインを飲んで語ることが難しいのと似ています。ひとつのワインを理解するのに、さまざまなワインを飲む体験が必要なのと同じで、**本もそこに至るまで、さまざまな本との出会いや体験が必要なのです。**

また本もワイン同様、読み時期があります。熟成される期間が必要です。

ワインと本が異なることは、**ワインの飲み時期はワイン自体にあるけれど、本は〝読み手〟にあるということ。**

本棚で熟成させることで、いま難しいと感じる本を読みこなせるあなたになっていくのです。

いまの時代、なんでもわかりやすく、速く処理できないといけないといわれます。そして、そういうものが好まれます。

しかし私は、難しい本でいまは理解できない、という本も大切なのだと思います。

作品のエネルギーを大きく左右する作家のホロスコープ

占星術では生まれた日の星の配置図、つまり**ホロスコープに私たちの魂の設計図が描かれているといわれています。**私たちは、生まれた瞬間の星のエネルギーの影響を、生涯にわたって受け続けるのです。

占いの分類では、命占《めいせん》にあたるものですね。

普段私たちが「星占い」として知っているのは、12星座占いです。これは、生まれたときに太陽がどの星に位置していたかということを表しています。これを「太陽星座」といいます。

12星座は、それぞれに固有の特性を持っているので、星座を見ることで、その人の得意とすること、行動パターン、価値観などがわかります。

この本では取り上げないのですが、厳密には、太陽星座含め、10の天体が影響しています。太陽星座と同様に、生まれたときの月星座、水星星座、金星星座、火星星座、木星星座、土星星座、天王星星座、海王星星座、冥王星星座とあります。

ただ実際にくわしく見るとなると、それなりに時間もかかるので、この本ではシンプルに「太陽星座」のみで解説していきます。

本のメインの作り手である、作家の星のエネルギーが宿っているのが本。

星座を見れば、作家が本来持つエネルギーも見えてきます。

その人がどんな星のもとに生まれ、どんな性質があるのか、どんな天命を持って生まれたのか。それを紐解《ひもと》いていくことで、**本に込められたエネルギーの一端も見えてきます。**

それぞれの星座の特性を簡単にまとめたのが、次の表です。

たとえば、双子座は、言語、知性といった特徴があります。

多数のビジネスマンや研究者が活用している知的生産コンテンツに、「マインドマップ」、そして「フォトリーディング」があります。

12星座の特徴と象徴するキーワード

太陽星座	特徴	象徴するキーワード
牡羊座《おひつじ》	行動力がある、先駆者	スタート、はじまり、運動、思いつき
牡牛座《おうし》	一歩一歩着実に進む、現実主義	マイペース、豊かさ、確固、地道、味わいつくす
双子座	知性的、二面性がある	言語、知性、軽やか、才能、応用、好奇心
蟹《かに》座	感情的、献身的に尽くす	母性、保護本能、絆《きずな》、テリトリー
獅子《しし》座	気高い王、ゆるぎない力	カリスマ、孤高、達成、使命感
乙女《おとめ》座	観察力が高い、ロマンティック	秩序、分析、観察、サポート、チームワーク
天秤《てんびん》座	バランス力、美的センスが高い	バランス、知性、ファッション、外交
蠍《さそり》座	真実を一瞬で見抜く鋭さ、プロフェッショナル	秘密、神秘性、スピリチュアル
射手座	好奇心旺盛、刺激を求めて行動	移動、海外、決断
山羊《やぎ》座	コツコツと築き上げる、誠実	ストイック、頼りがい、愚直
水瓶《みずがめ》座	創造性が高い、独特の世界観	未来、個性、先端
魚座	献身的、自己犠牲的	インスピレーション、永続的、深層

この「マインドマップ」開発者のトニー・ブザンも、「フォトリーディング」開発者のポール・R・シーリィも、双子座。さらに、この2つの知的生産コンテンツを日本に広めた神田昌典氏も、双子座なのです。

第2章の各星座別の双子座のところでお伝えしていますが、双子座の人が同じ星座の彼らの本を読むこともおすすめですし、この2つの方法を使って読書するのもおすすめです。

第2章では、12星座それぞれにどんな特性があるのかを挙げています。あなたの星座のページを参考にしてみてください。

本来持っている星のエネルギーを高められる本や、あなたと近いエネルギーを持っている同じ星座の作家の作品を紹介しています。

本来あなたが持っているエネルギーと似たエネルギーに触れることは、コヒーレンスが起きやすい状態になるということ。それらの本を読んで**エネルギーを共鳴させることが、魂を輝かせるための近道となります。**

本で他の星座のエネルギーを取り入れ「なりたい自分」になる

何か取り組みたいこと、変化がほしいと思ったときに、**星座が本来持つエネルギーに力をもらうという読書術**があります。

これは自分がなんの星座でも関係ありません。その星座の持つエネルギーに触れることで共鳴し、パワーをもらうことになるのです。

たとえば、あなたが仕事でチームをまとめる立場になったとき。リーダーとしてどう振る舞うべきか、リーダーの条件や人間性について知りたいと思ったら、**リーダーシップや行動的なエネルギーを持つ獅子座の運命を動かす本を選んでみる。**

または、あなたが何か新しい事業を始めたいと考えたり、いまの会社を辞めて転職を検討したりしているときは、**「切り開くこと」「ひらめき」といったパワーを秘めて**

いる牡羊座の本を選んでみましょう。

その他、「恋人がほしい、そのためにおしゃれセンスを磨きたい」と思った場合は、**バランスが取れていて、美的センスが高い星、流行やファッションにも敏感な天秤座**の本からヒントを得るのもいいでしょう。

こんなふうにして、そのときどきで求めているテーマを基準にして本を選ぶという読み方もあります。

自分の本来の星座、または、**いま求めているエネルギーを基準にすることで、より共鳴しやすい、あなたに良い影響をもたらす本と出会えます。**

書店は一番身近なパワースポット

この章では、本にエネルギーが宿る仕組みをお話ししてきました。

そろそろあなたも気がついたかもしれません。

「本にそんなエネルギーがあるのなら、本がたくさんある書店や図書館はすごいエネルギーが集まっているのでは？」と。

はい、そうです。じつは**「書店」こそが、神社仏閣にも勝るとも劣らないパワースポットだと考えています。**

神社仏閣などのパワースポット巡りは、いまや日本社会にすっかり定着した印象があります。

パワースポットの定義を、**「行けばエネルギーが満ち、運気が高まる、癒される場所」**とするならば、書店こそ、そのどれもを満たしてくれる場所だからです。

行くだけでもエネルギーがもらえる場所に、行かない手はないですよね。

私が感じるエネルギー値の高さで考えると、**書店で「新刊本に触れる」「ビビッときたものを購入する」ことが、一番パワーを持ち帰れます。**

だからこそ書店で購入することをおすすめしたい。もちろん、他に本がある場所、図書館、古書店……どれも良いところがありますので、くわしくは第3章でお伝えしますね。

もっというなら、同じタイトルの本であっても本が持っているエネルギーは一冊一冊、違います。新刊本が陳列棚に並んでいると、一番手前の本ではなく、2番目3番目の本を購入するという方もいるかもしれません。

実際に書店で一冊持ってみると、私も固有差が若干あるのを感じていて、以前は、奥にある本から選んでいたときもありました。

最近は、〝ずっと待っている〟手前の本を触ってみて、いい感じがしたから、もう選ぶのをやめて手前の本から連れて帰ることにしています。

書店は、私にとっては、目に見えて具体的な変化が起こる、本当に即効性の高いパワースポットです。

ちなみに、**書店や図書館のどの棚、コーナーがあなたの星座のパワースポットか、**ということも次の第2章、「書店や図書館のコーナーから見つける○○座の『パワースポット』」に掲載しています。

併せて参考にしていただき、最強のパワースポットの「書店」にぜひ行ってくださいね。

第2章

12星座別
「運命の本」の見つけ方

牡羊座の運命を動かすのは「はじまり」の本

3／21〜4／19生まれ　エレメント：火
牡羊座の本質：はじまり、闘争、存在
守護星：闘争心を司る火星

牡《お》羊《ひつじ》座は、12星座のスタートの星座。前に向かって進む、未来に向かって自分の命を燃やし、いかしていく傾向にあります。

牡羊座の人は、物事を感情的に動かしていきます。そのため、思いつきの行動も多いのですよね。ただ、その行動は、**誰もやっていない行動や、革新的・先駆的なこともある**ため、周りの人はつい応援してしまうのです。

先陣切って、誰よりも先に進む、そんな「一番」なのが牡羊座。もちろん、誰よりも最初だから、壁にぶち当たって挫折することだってあります。

その挫折の中で、地道に挑戦をして乗り越えられるから、牡羊座ってカッコいい。**挫折や苦しい場面の経験を通して、「私はここに存在する」というアピールをする力を養っていきます。**そんな牡羊座は、動くことを通して、自分を見いだすことで、運は開けていきます。

牡羊座の運を上げる本

牡羊座のパワーを高め、運を上げるには、**読むとやる気が満ちたり、行動力がアップしたりするような本**がおすすめ。

カテゴリーは「スポーツ」や「組織」。

さらに、**表紙（カバー）の色は、赤**がおすすめ。タイトルや目次、本文中に「行動」「チーム」「闘争」「前に進む」「積極的」「自分がしたいこと」「筋肉」「生命力」のような言葉が入っていると、牡羊座のエネルギーを高めてくれます。

スポーツのジャンルでおすすめなのは、『**夢をつかむイチロー262のメッセージ**』。「目標を立て、準備と訓練を積み、本番の実行に移し、逆風があっても結果を出す」

という独自の道筋が学べる一冊。読むだけでやる気がふつふつと湧いてきます。

キャメロン・ディアスの『**ザ・ボディ・ブック**』もおすすめ。栄養、PFC（タンパク質、脂肪、糖質）のバランスから、運動、筋肉を作る重要性、長い人生を自分らしく健やかに生きるためのコツが載っています。

ハーバード大学ビジネススクールの教授、エイミー・C・エドモンドソンの『**チームが機能するとはどういうことか**』は、牡羊座が集団で生きる力を養うのにピッタリな一冊。組織で行動し、学習するために必要なことが書かれています。

牡羊座生まれの作家から運命の本を探す

牡羊座生まれの漫画家・鳥山明氏の『**DRAGON BALL**』は、生きる力をくれるのでおすすめ。

同じ牡羊座の漫画家では、安野モヨコ氏の『**働きマン**』や、大友克洋氏の『**AKIRA**』、板垣恵介氏の「**刃牙**」**シリーズ**など戦う漫画が多い印象です。

牡羊座ならではの「はじまり」の力をチャージしてくれるのは、神話学者のジョーゼフ・キャンベルの『**千の顔をもつ英雄**』。この本をきっかけに、『スター・ウォー

牡羊座　運命の本

『夢をつかむイチロー 262 のメッセージ』
／「夢をつかむイチロー 262 のメッセージ」編集委員会（ぴあ）

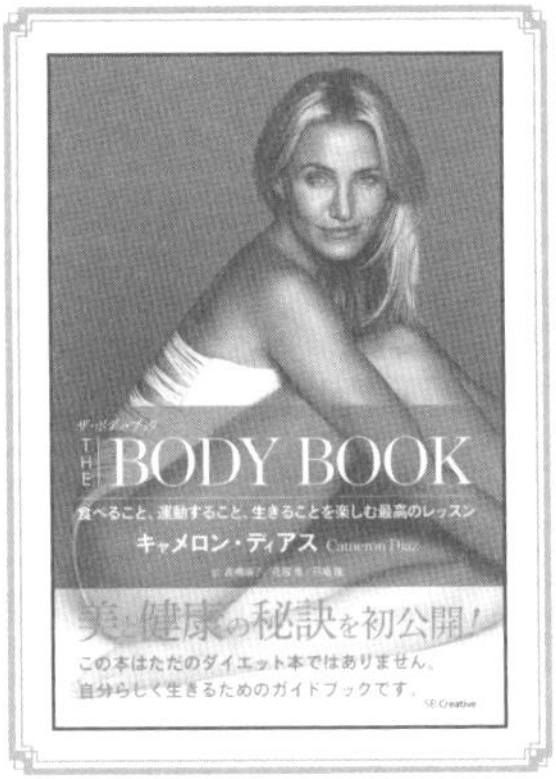

『ザ・ボディ・ブック』
／キャメロン・ディアス（SB クリエイティブ）

『働きマン』／安野モヨコ（講談社）

ズ』が生まれ、さらには、ハリウッド的映画シナリオの型が生まれました。

ビジネス書のジャンルでは、クリス・ギレボーの『**1万円起業**』は、周りからの頼まれごとをビジネスにする、始めやすい起業法が載っているプチ起業本です。

牡羊座生まれの作家・著名人

＊敬称略／括弧内は誕生日

江國香織、佐藤健（3・21）／草間彌生（3・22）／黒澤明、中島京子（3・23）／綾瀬はるか（3・24）／柳楽優弥、安野モヨコ、ジョーゼフ・キャンベル（3・26）／田辺聖子（3・27）／レディー・ガガ、石田衣良（3・28）／鈴木亮平（3・29）／フィンセント・ファン・ゴッホ、フランシスコ・デ・ゴヤ（3・30）／ユアン・マクレガー、エイミー・C・エドモンドソン（3・31）／林真理子（4・1）／大泉洋（4・3）／板垣恵介、クリス・ギレボー（4・4）／鳥山明、野村萬斎（4・5）／宮沢りえ（4・6）／桃井かおり（4・8）／マーク・ジェイコブス（4・9）／井上尚弥、水島新司（4・10）／すぎやまこういち、井深大（4・11）／宮尾登美子（4・13）／山里亮太、大友克洋（4・14）／レオナルド・ダ・ヴィンチ、エマ・ワトソン（4・15）／チャールズ・チャプリン、池田エライザ（4・16）／小林賢太郎（4・17）

牡羊座のエネルギーを高める「パワーリーディング」

「やる気が起きない」「イライラすることが多い」「スタートがうまく切れない」など、こういうときは牡羊座のエネルギーが不足している状態。

牡羊座のパワーを高める読み方「パワーリーディング」は、動きを加えること。**本を読む前に、背伸びや腕を伸ばすなど動きを加えてみましょう。**そして、ゆっくりと息を吐き出し、ゆっくりと吸い、呼吸を整えてから読み始めるのです。さらに、**歩きながら読んだり、声に出しながら読んだり、書き写したりする**など、体の動きを加えると、牡羊座のエネルギーを高めてくれます。

書店や図書館のコーナーから見つける牡羊座の「パワースポット」

「スポーツ」や「組織」のコーナーがパワースポット。運命の本に出会える可能性がある上、運気そのものや牡羊座のパワーをチャージしてくれます。

牡牛座の運命を動かすのは「お金と食べ歩き」の本

4／20～5／20生まれ　エレメント：土
牡牛座の本質：生活・美術・所有
守護星：悦びを司る金星

牡牛座の人は、地に足をつけて**一歩一歩着実に、具現化していく**ことが得意。興味があるものはとことん地道にやるし、地頭がいい人が多いのも特徴です。周りから見ると、一歩一歩確実にこなしていくので、行動はスローでのんびりとマイペースのように思われることも。それでいて、「私はできる！」といった妙なプライドがあり、動かないときは動かないのが牡牛座。

衣食住もお金も、安定している生活がベストだと考えているようです。

一方、徹底した現実主義で、自分にとって得になるものや、価値があるもの、美的センスがあるものに好意を抱きます。反対に、メリットがないと見るや、即座に蹴り倒したり、そっぽを向いたりすることで冷徹に映る部分も。

牡牛座の運を切り開くのは、「五感」を使うこと。食べるもよし、芸術鑑賞もよし、お金を触るのもよし。実際に感じることで、運を切り開いていけます。

牡牛座の運を上げる本

牡牛座のパワーを高め、運を上げるのは、**地に足がついていて、入門のようで奥深さを感じる本。読むと心が安定し、生活もお金も安定する本。**

それでいて、どこか「食」の尊さや日常生活の美しさに気づかせてくれる、そんな〝欲深き本〟がおすすめ。

カテゴリーは「食文化」や「お金・投資」。

さらに、**表紙（カバー）の色は、緑や茶、アースカラー**がおすすめ。タイトルや目次、本文中に、「一歩一歩」「豊かさ」「食べる」「自然」「リラックス」「暮らし」「スロー」のような言葉が入っていると、牡牛座のエネルギーを高めてくれます。

食べ歩きの本として定番の『**ミシュランガイド東京 2023**』や『**東京カレンダー**』『**dancyu**』などのグルメ雑誌がおすすめ。特に『**ゴ・エ・ミヨ 2023**』は、食べ歩きにピッタリ。雑誌やガイドを片手にお店選び、実際に行くことで牡牛座パワーをチャージ。

お金の本では、入門として『**マネーという名の犬**』から入り、投資の神さまウォーレン・バフェットの師匠、ベンジャミン・グレアムの『**賢明なる投資家**』と段階を踏んで、ステップアップしていくといいでしょう。

牡牛座生まれの作家から運命の本を探す

牡牛座生まれの漫画家・荒川弘氏の『**銀の匙**《さじ》 **Silver Spoon**』は、酪農家の家に生まれた著者の実体験を基に描かれているため、牡牛座パワーをチャージするのに最適です。

食や五感でいうと、森下典子氏の『**日日是好日**《にちにちこれこうじつ》』は、ひょんなことからお茶を始め、魅了されていく様子が描かれていて、食から入る牡牛座の特徴が出ています。

また、宇佐見りん氏の『**推し、燃ゆ**』は、圧倒的な情景描写と五感を通じた表現で、

牡牛座　運命の本

『ゴ・エ・ミヨ 2023』
／ゴ・エ・ミヨ ジャポン編集部（幻冬舎）

『マネーという名の犬』
／ボード・シェーファー（飛鳥新社）

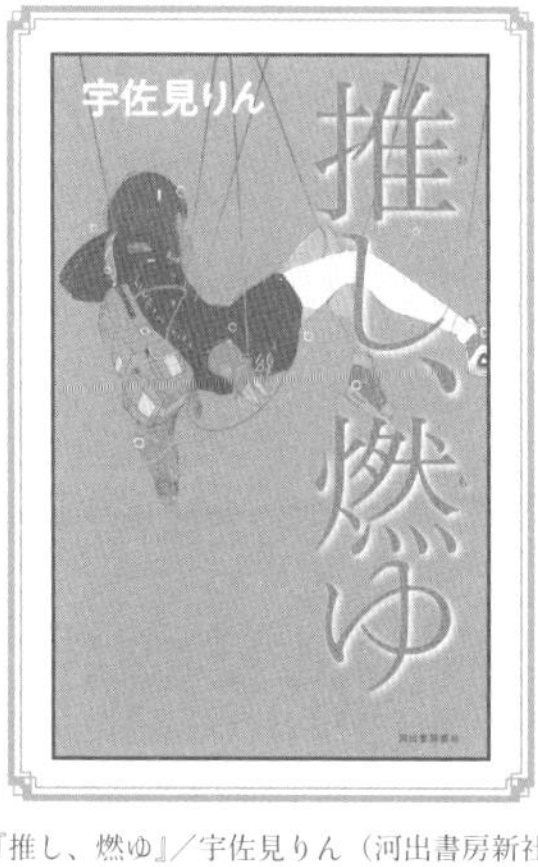

『推し、燃ゆ』／宇佐見りん（河出書房新社）

ファンの日常を物語っています。

ステップアップや「着実」に向上していく本として、Dr.コパの風水関係の本や、喜多川泰氏の**『運転者』**などが牡牛座の作家の特徴がよく出ているのでおすすめです。

牡牛座生まれの作家・著名人　＊敬称略／括弧内は誕生日

星野桂、南場智子、HIKAKIN（4・21）／ジャック・ニコルソン、三宅一生（4・22）／ジャン・ポール・ゴルチエ、桂由美（4・24）／アル・パチーノ（4・25）／エリック・シュミット、冨樫義博（4・27）／ジェシカ・アルバ、ペネロペ・クルス（4・28）／にわのまこと（5・1）／秋元康（5・2）／真島ヒロ、森下典子（5・3）／オードリー・ヘップバーン（5・4）／アデル、Dr.コパ（5・5）／ジョージ・クルーニー（5・6）／ピョートル・チャイコフスキー、西加奈子（5・7）／荒川弘、さくらももこ（5・8）／エリック・バーン、喜多川泰（5・10）／サルバドール・ダリ（5・11）／奥田民生、萩尾望都（5・12）／太田光（5・13）／マーク・ザッカーバーグ（5・14）／瀬戸内寂聴、藤原竜也、美輪明宏（5・15）／藤田晋、宇佐見りん（5・16）／神木隆之介（5・19）

牡牛座のエネルギーを高める「パワーリーディング」

「毎日を楽しむ余裕がない」「将来に対して不安を感じて前に進めない」など、こういうときは牡牛座のエネルギーが不足している状態。

牡牛座のエネルギーを高める読み方「パワーリーディング」は、スローリーディング。

ゆっくり時間をかけて、かみしめて読むことで牡牛座はパワーチャージできます。

一行ずつ丁寧に自分のペースで、一つひとつの言葉をかみしめて。**黙読よりも、声に出して読む方が感覚を刺激するので自分の心に響くでしょう。**

自分の成長の段階に合わせて、ステップやレベルを上げていく読み方もおすすめ。入門書、基礎書、応用書といった段階を踏めるものや、3級、2級、1級とステップアップできるものが牡牛座のエネルギーを高めてくれます。

書店や図書館のコーナーから見つける牡牛座の「パワースポット」

「食文化」や「お金・投資」のコーナーがパワースポット。運命の本に出会える可能性がある上、運気そのものや牡牛座のパワーをチャージしてくれます。

双子座の運命を動かすのは「マーケティングとコミュニケーション」の本

5／21～6／21生まれ　エレメント：風
双子座の本質：コミュニケーション、知性と思考、伝える
守護星：コミュニケーションを司る水星

幼い頃から、頭がよく、「神童」「天才」と呼ばれる人が多いのも双子座。

善と悪、白と黒……このような正反対の二面性のある双子座。それは、他の星座と違って思考が2つあるため。結果、いろいろな見方ができます。

また、自由で自分の立ち位置を特定せずに、常に新しいものへと移り変わっていく星。「価値」に対しても敏感なので、**「価値」の基準を感じられるものや、新しい変化を求める**のでしょう。

周りから見たら、捉えづらく、本音がわからないと思われることが多いかも。本人

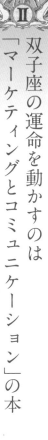

の中では筋が通っていても、他の人からするとコロコロ考えが変わっているように見えます。

さらに双子座は、「情報」と「コミュニケーション」を司《つかさど》っているから、**パワーが整っているときは、ベストなタイミングで必要な情報が、適切な方向からやってきます。**

双子座の運を上げる本

双子座のパワーを高め、運を上げるのは、**複数の視点をくれたり、知的好奇心を満たしてくれたりする本。**二面性ということも運を上げる手がかりになります。

カテゴリーは「マーケティング」や「コミュニケーション」。

さらに、**表紙（カバー）の色は、レモンイエローや、オレンジ、オリーブ**がおすすめ。タイトルや目次、本文中に「知性」「言葉」「人間関係」「影響」「読書」「二面性」「合理的」「ネット」「頭脳ゲーム」のような言葉が入っていると、双子座のエネルギーを高めてくれます。

マーケティング関連本では、伝説のコピーライター、ロバート・コリアーによる**『伝説のコピーライティング実践バイブル』**がおすすめ。いわゆるチラシの書き方、セールスコピー、ヘッダー、本文などの書き方について書かれており、人の心を動かす本質的なことを教えてくれます。

コミュニケーションのジャンルでは、1937年発売以来いまだに読まれているデール・カーネギーの**『人を動かす』**。人から好かれる方法、敵を味方に変える方法などのコミュニケーションのバイブルとなるような一冊です。

双子座生まれの作家から運命の本を探す

「ビフォー神田、アフター神田」という言葉があったほどビジネス書業界に革命をもたらしたのが、双子座生まれの神田昌典氏。**『あなたの会社が90日で儲かる』**や、起業ストーリーが一冊の本で学べる**『成功者の告白』**。コピーライティング本の集大成となった**『売れるコピーライティング単語帖』**がおすすめです。

「半沢直樹」シリーズをはじめ、数々の大ヒットシリーズを出した池井戸潤氏もまた双子座生まれ。その中でも、**『アキラとあきら』**は二面性のエネルギーが強く、アキ

双子座　運命の本

『伝説のコピーライティング実践バイブル』
／ロバート・コリアー（ダイヤモンド社）

『人を動かす』／デール・カーネギー（創元社）

『アキラとあきら』／池井戸潤（集英社文庫）

ラとあきらの2人が、産業中央銀行に入行し、物語が進んでいきます。

漫画では、「見た目は子供。頭脳は大人」というキャッチフレーズもある青山剛昌氏の『**名探偵コナン**』。また、極道と政治の世界から、世の中を変えようとした池上遼一氏作画の『**サンクチュアリ**』や、荒木飛呂彦氏の『**ジョジョの奇妙な冒険**』は、人の二面性を深く描き、双子座らしい名作です。

双子座生まれの作家・著名人

＊敬称略／括弧内は誕生日

コナン・ドイル、庵野秀明（5・22）／伊坂幸太郎、二ノ宮知子、空知英秋（5・25）／和月伸宏、モンキー・パンチ（5・26）／黒木メイサ、中沢新一（5・28）／池上遼一（5・29）／朝井リョウ、有吉弘之（5・31）／又吉直樹、トニー・ブザン（6・2）／長澤まさみ、神田昌典（6・3）／アンジェリーナ・ジョリー（6・4）／荒木飛呂彦、プリンス、ポール・ゴーギャン（6・7）／ジョニー・デップ、ナタリー・ポートマン、有川ひろ、青木雄二、武田双雲（6・9）／松たか子（6・10）／沢口靖子、鈴木由美子（6・11）／松井秀喜（6・12）／本田圭佑（6・13）／チェ・ゲバラ、中川大志（6・14）／ポール・R・シーリィ（6・15）／武論尊、池井戸潤（6・16）／満田拓也、森川葵（6・17）／ポール・マッカートニー、横山光輝、曽田正人、三吉彩花（6・18）／太宰治（6・19）／石坂浩二（6・20）／青山剛昌（6・21）

双子座のエネルギーを高める「パワーリーディング」

「ほしい情報がこない」「コミュニケーションがわずらわしい」「仕事の効率が悪い」

など、こういうときは双子座のエネルギーが不足している状態。

双子座のエネルギーを高める読み方「パワーリーディング」は、**情報を整理しながら読んでいく方法。**これにより、情報が入ってくるタイミングが良くなっていきます。

たとえば、放射線状に、アイデアや情報の流れを書き出していく**「マインドマップ」**や、本を速く読める画期的な方法**「フォトリーディング」**はおすすめ。

どちらも双子座には必須のパワーリーディングです。

書店や図書館のコーナーから見つける双子座の「パワースポット」

「マーケティング」や「コミュニケーション」のコーナーがパワースポット。運命の本に出会える可能性がある上、運気そのものや双子座のパワーをチャージしてくれます。

蟹座の運命を動かすのは「心理学」の本

6／22〜7／22生まれ　エレメント：水
蟹座の本質：母性、感情と共感、感じる
守護星：母性と感情を司る月

蟹《かに》座は、境界を行き来する共感の星。エレメントが水の星座なので感情的。蟹のハサミに象徴されるように攻撃的な面も。

相手を「味方」か「敵」で判断し、敵とみなすと防衛本能により攻撃的になるといった印象を受けます。しかも、「感情」ベースで動くのでロジックはどうでもよくなってしまうことも。

蟹座には、この「感情」を理解してもらえる他者が必要です。好意を向けてくれた相手には尽くします。**成長を見守り応援する母親のように献身**

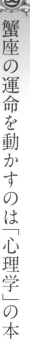

的。

また、**家庭的で自分がいる場所を大切にします。**蟹座の人が、心を開いた親密な人に手料理を振る舞うのも、心から安心を感じるテリトリーを作りたいからでしょう。

蟹座の運を上げる本

蟹座のパワーを高め、運を上げるのは、**人間の内面や感情を描いた本。**感情描写が豊かなものや、人間関係、パートナーシップの本。

カテゴリーは「心理」や「家庭」「料理」。

さらに、**表紙（カバー）の色は、乳白**の本がおすすめ。タイトルや目次、本文中に「共感」「母性」「愛する」「信じる」「助ける」「テリトリー」「家族」「安心」「奉仕」という言葉が入っていると、蟹座のエネルギーを高めてくれます。

パートナーシップのジャンルでは、アラン・ピーズ、バーバラ・ピーズ夫妻の『**新装版　話を聞かない男、地図が読めない女**』や、ジョン・グレイの『**ベスト・パートナーになるために**』がおすすめ。この2冊はパートナーシップを学ぶための必読本です。

人間関係で悩んだときは、チャック・スペザーノの『**傷つくならば、それは「愛」ではない**』。本をパラパラさせパカッと開くと、必要なメッセージが得られます。

また、ブレット・ブルーメンソールの『**毎日の暮らしが輝く52の習慣**』は、日常生活と、仕事とのバランスを考えるのにいい本。

✳蟹座生まれの作家から運命の本を探す

塩野七生氏の「**ローマ人の物語**」**シリーズ**は、ローマ時代の男たちの生き様が描かれているところが蟹座らしい一冊。人間としてほれるような、そんな魅力にどっぷり心酔できます。

原田マハ氏の『**美しき愚かものたちのタブロー**』は、国立西洋美術館の礎「松方コレクション」誕生秘話。日本に美術館を作るという夢を追いかけた物語は、心の琴線を揺さぶるものとなっています。

樹林伸氏は、さまざまな漫画の原作者で知られています。『**金田一少年の事件簿**』『**探偵学園Q**』（2冊とも天樹征丸名義）『**サイコメトラーEIJI**』（安童夕馬名義）

蟹座　運命の本

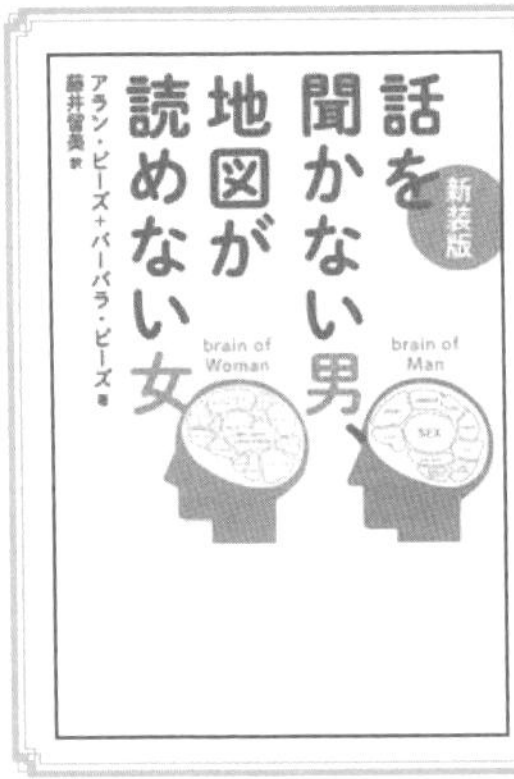

『新装版　話を聞かない男、地図が読めない女』
／アラン・ピーズ、バーバラ・ピーズ
（主婦の友社）

『傷つくならば、それは「愛」ではない』
／チャック・スペザーノ（ヴォイス）

『美しき愚かものたちのタブロー』
／原田 マハ（文藝春秋）

『BLOODY MONDAY』（龍門諒名義）など、心理描写と駆け引きが描かれているのが特徴。

その中でも、『**神の雫**』（亜樹直名義）は、蟹座らしい一冊。「神の雫」と呼ばれるワインを探し出す物語を通して、ワインの魅力や食とのマリアージュについてを学べます。

蟹座生まれの作家・著名人

＊敬称略／括弧内は誕生日

ダン・ブラウン（6・22）／河合隼雄（6・23）／岡野玲子（6・24）／ジョージ・オーウェル、猿渡哲也（6・25）／久保帯人、許斐剛（6・26）／ヘレン・ケラー（6・27）／ジャン＝ジャック・ルソー（6・28）／野村克也、橋下徹、神尾葉子（6・29）／岡田斗司夫、明石家さんま、香山リカ（7・1）／賀来賢人（7・3）／村田雄介（7・4）／ポール・スミス、野田洋次郎、赤松健、皆川亮二（7・5）／ダライ・ラマ14世、井上芳雄（7・6）／マルク・シャガール、塩野七生、藤島康介（7・7）／三谷幸喜（7・8）／トム・ハンクス（7・9）／ジョルジオ・アルマーニ、三浦建太郎、坂口健太郎（7・11）／アメデオ・モディリアーニ、荒俣宏（7・12）／堺屋太一（7・13）／原田マハ、椎名桔平（7・14）／レンブラント・ファン・レイン（7・15）／ウォン・カーウァイ、北村一輝（7・17）／宮藤官九郎（7・19）／岩崎夏海、樹林伸（7・22）

蟹座のエネルギーを高める「パワーリーディング」

「敵が増えてきた」「親しい人間関係のトラブル」「ささいなことにイライラする」

「場になじめない」など、こうしたときは蟹座のエネルギーが不足している状態。

蟹座は、周囲に敏感ゆえ、音にも敏感。そのため、蟹座のエネルギーを高める読み方「パワーリーディング」は、耳で聞く読書として**オーディオブックや、音読したものを録音して聞くこと。**特に料理をしながら、キッチンでオーディオブックを聞くというのはおすすめ。

また、マネることやコピーも得意ですし、コミュニケーションにもつながるので、**読んだものをそのまま誰かに話してみる**ことでより学びが加速していきます。

書店や図書館のコーナーから見つける蟹座の「パワースポット」

「心理」や「家庭」「料理」のコーナーがパワースポット。運命の本に出会える可能性がある上、運気そのものや蟹座のパワーをチャージしてくれます。

獅子座の運命を動かすのは「王、カリスマ性」のある本

7／23～8／22生まれ　エレメント：火
獅子座の本質：創造、自己表現、演出
守護星：自己表現を司る太陽

獅子《しし》座は、王の星座。自己表現の星座。ゆるぎない力と強さを持った星座。

だからこそ、けっして誰かに弱みを見せることがありません。

でも、自分ひとりがいいかというと、そうではなくて、自分を取り巻く周りの人に、つい親分肌を出してしまう。

案外、「自分が輝いていないな」「最近ダメだな」と思っているときは、他の人に成功を渡して、うまくプロデュースをしていることもあります。**王でありつつ、しっかり陰でプロデュースもできる星です。**だから、獅子座の力がうまく使えている人は、名プロデューサーと感じるのです。

獅子座は王ゆえ、心のどこかで「自分が信じたものが一番」と思っている傾向があります。獅子座にとっては、自分で見つけた本が一番なのかもしれません。

獅子座の運を上げる本

獅子座のパワーを高め、運を上げるのは**「王」の本。**カテゴリーは「リーダーシップ」や「マネジメント」。**帝王学や自己表現の本**もいいですね。

また普段は、他者から見る理想の自分を演出しているので、本当の自分を感じられる**心の奥底から「ワクワク」するような本**がおすすめです。

さらに、**表紙（カバー）の色は、ゴールド、黄、オレンジ**がおすすめ。タイトルや目次、本文中に「カリスマ」「孤高」「自己表現」「プレゼンテーション」「演出」「ハート」「使命感」「克服」などの言葉が入っていると、獅子座のエネルギーを高めてくれます。

リーダーシップのジャンルとしておすすめなのは、各国のリーダーたちが学んでいるハーバード大学教授ロナルド・A・ハイフェッツらの**『最難関のリーダーシップ』**。リーダーはどのようにして問題を発見・定義し、新たな適応可能な解決策を見いだしていくのかが学べる一冊。漫画では、**『歴史劇画　大宰相』**。日本の戦後の政治家を学ぶ上で非常におすすめ。戦後のリーダーとは、どうだったのかを学ぶことができます。

源頼朝や、北条義時・泰時、徳川家康・秀忠が学んだ**『貞観政要　全訳注』**は、数ある帝王学書の中でも必読。

プレゼンテーションのジャンルでは、スティーブ・ジョブズのプレゼンについて解説した、カーマイン・ガロの**『スティーブ・ジョブズ 驚異のプレゼン』**はおすすめ。

☆獅子座生まれの作家から運命の本を探す

獅子座生まれの作家は業界を切り開いた王が多い印象。歴史小説家の大家、司馬遼太郎氏、吉川英治氏。20世紀を代表する児童小説**「ハリー・ポッター」シリーズ**のJ・K・ローリング。

司馬遼太郎氏では、**『梟の城』『国盗り物語』『竜馬がゆく』『坂の上の雲』**などが、リーダーシップを学べ、獅子座らしい本。

獅子座　運命の本

『歴史劇画　大宰相』第1巻
／さいとう・たかを、戸川猪佐武 原作（講談社）

『スティーブ・ジョブズ 驚異のプレゼン』
／カーマイン・ガロ（日経BP）

『ハリー・ポッターと賢者の石』
／J. K. ローリング 作、松岡佑子 訳、
佐竹美保 絵（静山社）

その他にも、スポーツでトップを取り、その後の栄光をつかみとった人が目立つのが、獅子座生まれの特徴。テニス界の王、ロジャー・フェデラーや、100メートルの人類最速男のウサイン・ボルト。ファッション界からは、ルイ・ヴィトン、ココ・シャネル、イヴ・サン=ローランといったファッション界のレジェンドも多いです。

こうした卓越した人物の自伝もおすすめです。

獅子座生まれの作家・著名人

＊敬称略／括弧内は誕生日

ダニエル・ピンク(7・23)／吉本ばなな(7・24)／スタンリー・キューブリック、カール・グスタフ・ユング(7・26)／かわぐちかいじ(7・27)／高橋陽一(7・28)／岸田文雄(7・29)／J・K・ローリング(7・31)／イヴ・サン=ローラン、山崎紗也夏(8・1)／行定勲(8・3)／ルイ・ヴィトン、バラク・オバマ(8・4)／司馬遼太郎(8・7)／ロジャー・フェデラー、天海祐希(8・8)／黒柳徹子、池上彰(8・9)、孫正義、吉川英治(8・11)／吉田秋生(8・12)／ナポレオン・ボナパルト、ベン・アフレック(8・15)／ジェームズ・キャメロン、マドンナ、池谷裕二、寛一郎(8・16)／戸田恵梨香、ロバート・デ・ニーロ(8・17)／城山三郎(8・18)／ココ・シャネル、鈴木敏夫(8・19)／ウサイン・ボルト(8・21)／クロード・ドビュッシー、タモリ、北川景子、レイ・ブラッドベリ(8・22)

獅子座のエネルギーを高める「パワーリーディング」

「自信がない」「ワクワクしていない」「理想の自分とかけ離れている」「孤独を感じ

る」など、こういうときは獅子座のエネルギーが不足している状態。

獅子座のエネルギーを高める読み方「パワーリーディング」は、誰かの手法というより**自分が気に入った読み方がベスト。**自分の中で、王道だと思うやり方で読んだ本がしっくりきて、パワーチャージできることでしょう。**正しさを追うよりも、自分の「ワクワク」が正しい、と割り切ることも大切です。**

書店や図書館のコーナーから見つける獅子座の「パワースポット」

「リーダーシップ」や「プレゼンテーション」「映画」のコーナーがパワースポット。運命の本に出会える可能性がある上、運気そのものや獅子座のパワーをチャージしてくれます。

乙女座の運命を動かすのは「分析と観察」の本

8／23～9／22生まれ　エレメント：土
乙女座の本質：秩序、分析、観察
守護星：分析力を司る水星

美しく、ロマンティックで、繊細さと豊かな感性を持つ反面、批判的なところがある乙女《おとめ》座。行動力もあり、テキパキ。現実的で、仕事を着実に行う印象です。

物事を見つめ、分析する星なので、**人間観察力に優れ、瞬間的に人の長所や才能、弱みが見える人。**「ああ、この人を守ってあげたい」と思うことも多いでしょう。

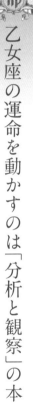

ただ、誰か特定の人に尽くしたいと思う以上に、**会社や社会全体に尽くしたいという気持ちもあるため、時に自己犠牲的になってしまい、現代社会では疲れがち。**

そういうときに、自分で自分をほめたり、自分のことを支えてくれる一言をくれる本があったりするといいですね。

また、乙女座は香りにも敏感。空間の中に漂う香りやにおいを感じたり、美しさを感じるものを食べたりすることによっても力を得ます。

乙女座の運を上げる本

乙女座のパワーを高め、運を上げるのは、**「分析」的な本や、美しさを感じる芸術の本。**

カテゴリーは「ビジネススキル」や「ビジネスエッセイ」「自己啓発」。こういった洞察や観察から構成された本は、あなたの中にある「美的センス」と「観察力」「実務力」が輝くこと間違いなし。

さらに、**表紙（カバー）の色は、濃い緑、アースカラー**がおすすめ。タイトルや目次、本文中に、「分析」「観察」「時間」「図」「緻密」「完璧」「整理整頓」「高潔」「成果」のような言葉が入っていると、乙女座のエネルギーを高めてくれます。

経営思想家のアカデミー賞、thinkers 50の常連となったアレックス・オスターワルダー、イヴ・ピニュールの『**ビジネスモデル・ジェネレーション**』は、乙女座の観察、分析、洞察力を高めてくれる一冊。

乙女座はシンプルに「実務力」に長《た》けているので、女性がキャリアを築いていくことを描いた、元フェイスブックCOOのシェリル・サンドバーグの『**LEAN IN（リーン・イン）**』もおすすめ。

自己啓発書からは、スティーブン・R・コヴィーの『**完訳　7つの習慣**』。時代を超えた普遍の原則です。批判的になったり、完璧主義になったりしたときこそ、原点に立ち戻ると、自分を分析できて軸を取り戻すことができます。

＊乙女座生まれの作家から運命の本を探す

乙女座生まれの作家には、洞察力からの「鋭さ」がある本が多いようです。

川上未映子氏と、村上春樹氏の対談本の『**みみずくは黄昏に飛びたつ**』や、川上氏の『**夏物語**』は、乙女座の現実感と日常の観察エネルギーを感じます。

中村文則氏の『**私の消滅**』『**教団X**』は、観察眼と構成力が感じ取れます。

漫画では、一条ゆかり氏の『**プライド**』。高潔で、美しさがある、音大を舞台とし

乙女座　運命の本

『LEAN IN（リーン・イン）』
／シェリル・サンドバーグ（日経BP）

『完訳　7つの習慣』
／スティーブン・R・コヴィー
（キングベアー出版）

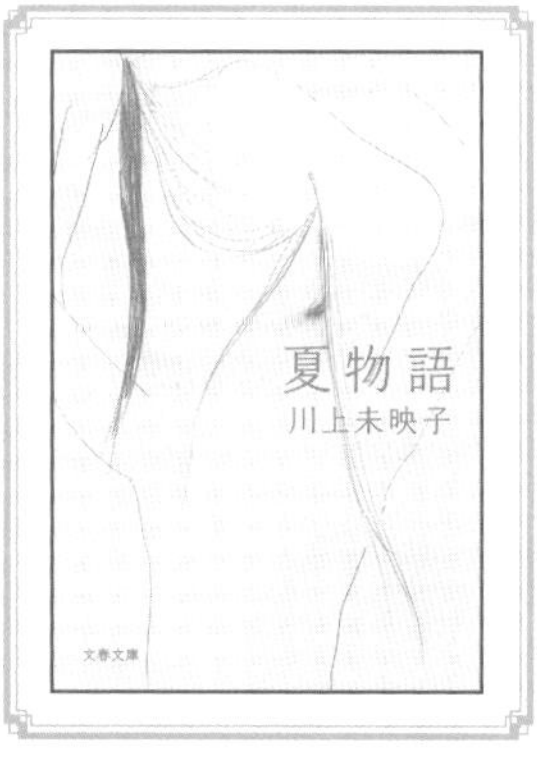

『夏物語』／川上未映子（文藝春秋）

た世界観が乙女座のエネルギーそのもの。

羽海野チカ氏の美大生を描いた『**ハチミツとクローバー**』や、将棋の世界を描いた『**3月のライオン**』もふわりと柔らかな印象ですが、現実の描写が鋭いところが乙女座の特徴です。

乙女座生まれの作家・著名人

＊敬称略／括弧内は誕生日

パウロ・コエーリョ（8・24）／コシノジュンコ（8・25）／マザー・テレサ（8・26）／ヨハン・ヴォルフガング・フォン・ゲーテ（8・28）／マイケル・ジャクソン、川上未映子、浜辺美波（8・29）／羽海野チカ、キャメロン・ディアス（8・30）／キアヌ・リーブス、中村文則、原哲夫（9・2）／染谷将太、楳図かずお（9・3）／ビヨンセ（9・4）／フレディ・マーキュリー、前川かずお、田村由美（9・5）／永井豪、星新一（9・6）／森下裕美（9・7）／松本人志（9・8）／弘兼憲史（9・9）／カール・ラガーフェルド、松田翔太（9・10）／長友佑都（9・12）／安藤忠雄（9・13）／あさのあつこ、矢沢永吉、赤塚不二夫（9・14）／山崎ナオコーラ（9・15）／奥浩哉、横浜流星、落合陽一（9・16）／一条ゆかり（9・19）／麻生太郎、高橋ツトム、安室奈美恵（9・20）／安倍晋三、スティーヴン・キング、二階堂ふみ（9・21）／吉田茂、石井竜也、浅野いにお（9・22）

乙女座のエネルギーを高める「パワーリーディング」

「ささいなことが気になる」「人のミスを許せない」「暴飲暴食で生活のリズムが崩れている」など、こういうときは、乙女座のエネルギーが不足している状態。

乙女座のエネルギーを高める読み方「パワーリーディング」は、**読書し始める際に徹底的に調べ、分析すること。**

対象のルーツを調べ上げる。最新のものから古い過去の資料まで山のように集めましょう。そして、**気になる箇所を見つけたら、ページを切り取る、写真を撮る、コピーするなどして、スクラップブックにまとめてみましょう。**これによって、新たな着想を得ることができます。

書店や図書館のコーナーから見つける乙女座の「パワースポット」

「ビジネススキル」や「ビジネスエッセイ」「自己啓発」のカテゴリーが、乙女座のパワースポット。運命の本に出会える可能性がある上、運気そのものや乙女座のパワーをチャージしてくれます。

天秤座の運命を動かすのは「バランス感覚とファッション」の本

9／23〜10／22生まれ　エレメント：風
天秤座の本質：量る、バランス、人間関係
守護星：センスを司る金星

天秤《てんびん》座は、「私」と「他」を切り分け、そこに橋をかける特性。ゆるぎない価値観を持っている星です。

均衡や配置、そうしたバランスに基づく美的センスが高いため、天秤座のエネルギーが強い人の「これ、いい」というものは、やっぱり「おしゃれ」だなと感じます。

そんな天秤座の人が手掛けるものは、流行となることが多く、**一時代を築いたアーティストや作家が多いのも特徴。**その流行は、どこか「計算」されたものなのに、周りや社会は受け入れてしまうのです。

人マネではなく、「私のスタイル」というのを大事にし、同じように自分のスタイルを持っている人と公平でありたいと思っているようです。

また、**人間関係も得意。**自分のことだけでなく、「あなた」という他者想定もされているから、良好な付き合いができるのです。

天秤座の運を上げる本

天秤座のパワーを高め、運を上げるのは、**バランスの取れた美しさを感じる本。**カテゴリーは「ファッション」や「美容」「芸術・美術」。

さらに、**表紙（カバー）の色は、ピンク、ローズピンク、緑**がおすすめ。タイトルや目次、本文中に、「量る」「ファッション」「時代予測」「交渉」「駆け引き」「芸術」「バランス」「分かち合う」「価値」「公平」のような言葉が入っていると、天秤座のエネルギーを高めてくれます。

ファッション本では、ユーチューバーでブロガーとしても有名な、ミランダかあちゃんこと輪湖もなみ氏の**『「いつでもおしゃれ」を実現できる幸せなクローゼットの**

育て方』。天秤座にとって、クローゼットはとにかく大切です。

美容本でおすすめなのは、美容家・神崎恵氏の『**神崎恵のPrivate Beauty Book**』。写真に目が奪われるものの、ちょっとした文章の中の擬音語と表現のバランスが絶妙な一冊。

美術のジャンルでは、中野京子氏の『**運命の絵 もう逃れられない**』。その絵を制作してしまったゆえに、幸運または不運を招いてしまったエピソード。天秤座の感性は、世の中の流れや運の流れも重要なのでぜひ読んでいただきたい一冊。

天秤座生まれの作家から運命の本を探す

現代建築家ル・コルビュジエは天秤座。作品集でもいいのですし、彼がデザインした国立西洋美術館に足を運んで空間そのものや、その場の絵画や造形・美術作品を通して、美的センスを磨くのもおすすめ。

天秤座らしい時代予測の本、アルビン・トフラーの『**第三の波**』『**富の未来**』。特にベンチャー企業の経営者に愛されている本です。

将棋の羽生善治氏も天秤座。『**大局観**』は、27年間タイトルを保持し続け、いまも

天秤座　運命の本

『神崎恵のPrivate Beauty Book』
／神崎恵（大和書房）

『運命の絵 もう逃れられない』
／中野京子（文藝春秋）

『第三の波』／アルビン・トフラー（中央公論新社）
※品切れ・重版未定

なお第一線で戦う羽生氏の決断力、集中力、トレーニング法、負け方、運について学べる至高の一冊。

天秤座生まれの作家・著名人

＊敬称略／括弧内は誕生日

稲葉浩志、三浦しをん（9・23）／スコット・フィッツジェラルド、筒井康隆（9・24）／T・S・エリオット（9・26）／羽生善治、アヴリル・ラヴィーン、中田敦彦（9・27）、石原慎太郎、五木寛之（9・30）／中村正人（10・1）／浜崎あゆみ、マハトマ・ガンディー（10・2）／ジャン＝フランソワ・ミレー、アルビン・トフラー、高橋和希（10・4）／ケイト・ウィンスレット（10・5）／ル・コルビュジエ（10・6）／ウラジーミル・プーチン、佐々木倫子、桐野夏生（10・7）／室伏広治（10・8）／ジョン・レノン（10・9）／菅直人、ジョゼッペ・ヴェルディ、高橋留美子、野坂昭如、藤本タツキ（10・10）／東儀秀樹、真田広之（10・12）／松嶋菜々子、真飛聖（10・13）／ラルフ・ローレン、堺雅人（10・14）／渡部昇一（10・15）／オスカー・ワイルド（10・16）／羽田圭介（10・19）／江戸川乱歩（10・21）／イチロー、田中芳樹（10・22）

天秤座のエネルギーを高める「パワーリーディング」

「新しい出会いがない」「容姿に自信がない」「美しいものに出会っていない」「何かと不均衡に感じる」などというときは、天秤座のエネルギーが不足している状態。

天秤座のエネルギーを高める読み方「パワーリーディング」は、**「美しさ」と「バランス」を取り入れること。**

「美しさ」を取り入れるには、美しいものに触れる、見る。これだけでも運気が上がっていくので、**雑誌コーナーで、目につく雑誌を片っ端から手に取ってみる**のもいいでしょう。そして、「表紙を飾っている有名人の傾向」「よく使われている表現」などトレンドをチェックしてみましょう。

じつはこれは天秤座の人だけでなく、自分の星座と同じ俳優やアーティストなどが表紙を飾っているものは、運とエネルギーを高めてくれます。

「バランス」を取り入れるには、何か一方を学んだら、必ず反対側の立場のものを読んでみましょう。読書でも「著者の意見」だけではなく、**「著者の意見」と同様に、「自分の意見」も大事にして読むことで運気が上がっていきます。**

書店や図書館のコーナーから見つける天秤座の「パワースポット」

「ファッション」や「美容」「芸術・美術」のコーナーがパワースポット。運命の本に出会える可能性がある上、運気そのものや天秤座のパワーをチャージしてくれます。

蠍座の運命を動かすのは「秘密を解き明かす」本

10／23〜11／21生まれ　エレメント：水
蠍座の本質：秘密、真実、死と再生
守護星：変容を司る冥王星

蠍《さそり》座は、「秘密」や「真実」が好き。

それでいて、自分のことを打ち明けることはなく、迫られても自分の秘密を守ります。でも、いったん心を開いた後は、これまでの秘密主義が嘘《うそ》のように馴《な》れ馴れしくなってしまいます。

蠍座の人は、蠍がその毒針で刺して一瞬のうちに命を奪うように、**鋭い洞察で「真実を一瞬で見抜く」力があります。**そのため、裏切られたと感じやすく、傷つきやすいのも特徴です。

一方、**プロフェッショナルな意識が高く、危険なときほど、ひとりでチャレンジすることがあります。**だから、時に全力で走り、ひとりで抱えすぎてダメになることも。弱っているときこそ、誰かに「ＳＯＳ」を出せるようになるといいのですが、それが難しければぜひ、これからおすすめする本で心とエネルギーを整えてください。

蠍座の運を上げる本

蠍座のパワーを高め、運を上げるには、「真実を解き明かす」「神秘性」がある本がおすすめ。**タブーや隠されたもの、禁じられたものを読むことで、蠍座のパワーが増しそうです。**

カテゴリーは「スピリチュアル・精神世界」「占い」「オカルト」。昔はタブー視されてきた「性」「お金」「宗教」のカテゴリーもいいですね。

さらに、**表紙（カバー）の色は、深紅、赤紫、黒**がおすすめ。タイトルや目次、本文中に、「神秘性」「性」「刺す」「研究」「死と再生」「秘密」「欲望」「共鳴」「深い愛」のような言葉が入っていると、蠍座のエネルギーを高めてくれます。

そんな蠍座の運命を変える本とは、ストレートに、『**聖書**』や『**古事記**』といった宗教書。もう少しハードルを低くしてスピリチュアル書では、ロンダ・バーンの『**ザ・シークレット**』や、ジェームズ・レッドフィールドの『**聖なる予言**』。中でも、辻麻里子氏の『**22を超えてゆけ**』は、アカシック・レコードがテーマなので、秘密、真実が感じられ蠍座のあなたの運命の一冊になるかも。

✴蠍座生まれの作家から運命の本を探す

蠍座生まれの作家には、秘密を解き明かすような本が多いようです。

『**思考は現実化する**』のナポレオン・ヒルも蠍座。鉄鋼王アンドリュー・カーネギーから成功者の秘密を調査することを依頼して書かれた同書は、秘密を解き明かすというテーマにピッタリな一冊。

死と再生を司る冥王星を守護とする蠍座をよく表しているのが、手塚治虫氏の『**火の鳥**』。同作家の『**ブラック・ジャック**』は、医療や人体の秘密を描いた本としても、蠍座パワーをチャージしてくれます。他にも漫画では、さいとう・たかを氏の『**ゴルゴ13**』の殺し屋は、蠍座の毒針を連想させますね。

蠍座　運命の本

『古事記』／倉野憲司・校注（岩波書店）

『ザ・シークレット』
／ロンダ・バーン（KADOKAWA）

『火の鳥　手塚治虫文庫全集』／手塚治虫（講談社）

現代ミステリーでは、雫井脩介氏の**『犯人に告ぐ』『検察側の罪人』**は、スピード感あふれる展開と、秘密と真実のバランスが蠍座らしく、たまりません。

蠍座生まれの作家・著名人

＊敬称略／括弧内は誕生日

パブロ・ピカソ、恩田陸（10・25）／北方謙三、ナポレオン・ヒル（10・26）／ジェラルド・M・ワインバーグ（10・27）／ジュリア・ロバーツ、菜々緒、倉木麻衣（10・28）／つんく♂、堀江貴文（10・29）／松田るか（10・30）／ヨハネス・フェルメール、山本耕史（10・31）／阿川佐和子（11・1）／深田恭子（11・2）／手塚治虫、さいとう・たかを、堤幸彦（11・3）／リリー・フランキー（11・4）／富野由悠季（11・5）／松岡修造、エマ・ストーン（11・6）／カズオ・イシグロ、岸本斉史（11・8）／糸井重里（11・10）／養老孟司、レオナルド・ディカプリオ（11・11）／クロード・モネ、雫井脩介（11・14）／内田康夫（11・15）／本田宗一郎（11・17）／猪ノ谷言葉（11・18）／カルバン・クライン（11・19）／YOSHIKI、猪瀬直樹、堀越耕平（11・20）

蠍座のエネルギーを高める「パワーリーディング」

「集中力が続かない」「嫉妬深くなっている」「大きな成果から遠ざかっている」などというときは、蠍座のエネルギーが不足している状態。

蠍座のエネルギーを高める読み方「パワーリーディング」は、**秘密を解き明かすように読むこと。**

ミステリーを解き明かすように、先に断片的に内容を入手するといいでしょう。まず目的を決めます。その後で本をパラパラとさせます。次にパカッと開いて見開きページで、目に飛び込んできた言葉とページをメモします。これを繰り返し、6か所行います。その6か所のメモを通して、**いったいどんなことを著者は言っているのか、小説ならどんな内容の展開が待っているのかを推理してみます。**そして実際に、本文を好きな箇所から読んで、その推測が正しかったのか確認をしてみます。

このように推理しながら読んでみることで、蠍座の秘密を解き明かしたい欲望は満たされていきます。また、推理は集中力も高まるのでおすすめの方法です。

また、脳科学、行動科学、認知心理学を基に生み出された**「レゾナンスリーディング」**もおすすめ。この方法で読むとほしい情報が瞬時にわかるため、蠍座向きの速読法です。

書店や図書館のコーナーから見つける蠍座の「パワースポット」

「スピリチュアル・精神世界」「占い」のコーナーがパワースポット。運命の本に出会える可能性がある上、運気そのものや蠍座のパワーをチャージしてくれます。

射手座の運命を動かすのは「語学、海外」の本

11／22〜12／21生まれ　エレメント：火
射手座の本質：移動、冒険、拡大
守護星：楽観さを司る木星

みずから狙いを定めて、遠くへと飛んでいく星。

いまよりも未来へと広がっていく、人生をより良く広げていきたい傾向があります。

たとえば、将来起業するという目標を持った場合、より具体的に目標を定めていきます。

未来のために何が必要なのか、そのために今日は何ができるのかを考えます。

一方、やりたいことがあれこれ生まれていくタイプで、面白い、ワクワクするものならなんでもやりたいと思えるのも特徴。それも、「難しそう」や「むちゃしないといけない」ものでも飛び込みます。**難しい方がかえって燃える、やる気があふれます。**

特定の興味よりも、いろいろと試しながら、自分に合うものを探し求めます。

また、移動の星でもあるので**旅行好きな人が多い**のも、射手座のもうひとつの特徴。刺激がないと、すぐ飽きてしまい、違うところにフットワーク軽く飛んで行ってしまうので、新しい刺激が大事になります。

射手座の運を上げる本

射手座のパワーを高め、運を上げるものは、チャレンジ精神を高め、フットワークを上げることをサポートしてくれる本。

カテゴリーは「語学」や「海外」「文化人類学」「哲学」。

さらに、**表紙（カバー）の色は、スカイブルー、紫**がおすすめ。タイトルや目次、本文中に、「移動」「図書館」「楽観」「向上心」「好きなこと」「自由」「刺激」「飛ぶ」「ワクワク」などの言葉が入っていると、射手座のエネルギーを高めてくれます。

語学書でおすすめなのは、新条正恵氏の**『30日で英語が話せるマルチリンガルメソ**

ッド』。8カ国語をものにした著者から、最速で語学を習得できるコツが学べます。

哲学書では、池田晶子氏の『**14歳からの哲学**』から入るのがいいでしょう。

中沢新一氏の『**増補改訂　アースダイバー**』は、移動が特性の射手座にピッタリ。歩いていると、「この道は気持ちがいい」「この道はちょっと気味が悪い」と思うことがありますよね。この本では、それは地層が関連しているといいます。

旅行に必須の『**るるぶ**』や『**じゃらん**』『**ことりっぷ**』『**まっぷる**』『**地球の歩き方**』も、射手座生まれのパワーをチャージしてくれる本。

射手座生まれの作家から運命の本を探す

夢を与えてくれる物語が、射手座生まれの作家の特徴です。

清王朝の末期が舞台の歴史小説、浅田次郎氏の「**蒼穹の昴**」シリーズ。水野敬也氏による『**夢をかなえるゾウ**』。マーク・トウェインの『**トム・ソーヤーの冒険**』。

漫画では、藤子・F・不二雄氏の『**ドラえもん**』。どん底、人生詰んだ状態からの復活を描いた福本伸行氏の「**カイジ**」シリーズ。

世界中のゲームファンとクリエイターに愛された任天堂の岩田聡氏について書かれ

射手座　運命の本

『30 日で英語が話せるマルチリンガルメソッド』
／新条正恵（かんき出版）
※電子書籍のみ

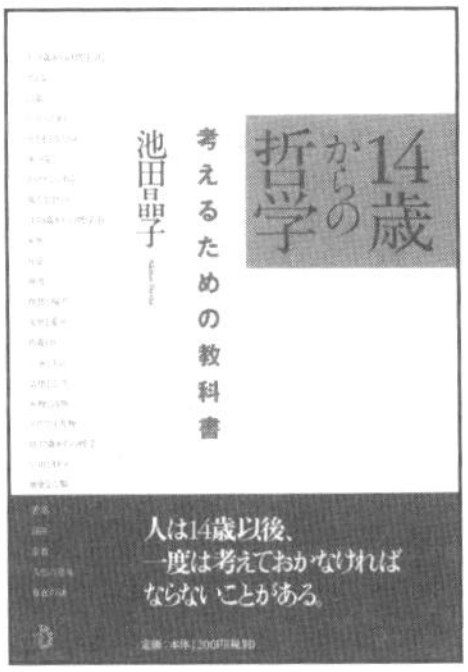

『14 歳からの哲学』／池田晶子（トランスビュー）

『トム・ソーヤーの冒険』
／マーク・トウェイン（新潮社）

た『**岩田さん**』も、夢を与えてくれる一冊。

射手座生まれの作家・著名人　＊敬称略／括弧内は誕生日

スカーレット・ヨハンソン、aiko（11・22）／田中みな実（11・23）／椎名林檎、吉本隆明（11・25）／水野敬也（11・26）／松下幸之助、ジミ・ヘンドリックス、片桐仁、小室哲哉（11・27）／向田邦子、松雪泰子（11・28）／マーク・トウェイン、リドリー・スコット、宮﨑あおい、満島ひかり、鹿島茂（11・30）／藤子・F・不二雄（12・1）／ジャンニ・ヴェルサーチ、吉崎観音（12・2）／池田勇人、アマンダ・サイフリッド、松岡圭祐（12・3）／ウォルト・ディズニー（12・5）／菅義偉、久石譲、車田正美、岩田聡（12・6）／ノーム・チョムスキー（12・7）／高橋一生、安彦良和（12・9）／桂正和、福本伸行、佐藤浩市（12・10）／秋本治（12・11）／高橋ヒロシ、栗原正尚（12・12）／テイラー・スウィフト、浅田次郎（12・13）／勝間和代、ジェーン・バーキン（12・14）／ミラ・ジョヴォヴィッチ（12・17）／ブラッド・ピット、池田理代子（12・18）／エディット・ピアフ（12・19）／本木雅弘、草野マサムネ（12・21）

射手座のエネルギーを高める「パワーリーディング」

「チャレンジする前にあきらめてしまう」「悲観的」「出かけたい気分が起きない」「成長意欲が湧いてこない」など、こういうときは射手座のエネルギーが不足している状態。

射手座のエネルギーを高める読み方「パワーリーディング」は、**目的を決めること、そしてとにかく新しい刺激が大事。**読みたいかどうかといった、自分の心の動きも大切。

目的にフォーカスしたものは、確実に何かを得られるので、しっかり目的を立てて読みましょう。

また、旅行の際には、本を一冊か2冊持っていくといいですよ。飛行機や新幹線、旅先で読むのは、射手座の良いパワーチャージになります。

守護星が、拡大と成長の木星でもあるので、成長ものや海外の書籍、洋書などにチャレンジしてみるのもおすすめです。案外、**翻訳のものを読むよりも、原書を読むと内容がしっくりくるという人も多いかもしれません。**

書店や図書館のコーナーから見つける射手座の「パワースポット」

「語学」や「海外」、「文化人類学」「哲学」のコーナーがパワースポット。運命の本に出会える可能性もある上、運気そのものや射手座のパワーをチャージしてくれます。

山羊座の運命を動かすのは「トレーニングと成長」の本

12／22～1／19生まれ　エレメント：土
山羊座の本質：訓練、使役、責任
守護星：冷静さを司る土星

山羊《やぎ》座は、自己責任が強く、淡々とやり続けて社会的な地位を確立していきます。

特徴としては、訓練、トレーニングを重ねて目指した頂上に到達していきます。

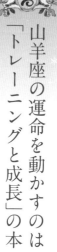

また、伝統的、古典的なことも大事にするタイプ。**社会や組織全体のことを考える傾向があるので、時に権力的な印象になることもあります。**

ただ、努力と評価が合ってこないと、その真面目さ、誠実さ、仕事人間のゆえに、伝統や社会の常識というものが嫌になることもあります。

社会のルールや、目上の人との関係を大切にしていることが、なんだか価値がないように感じられることもあるでしょう。そういうときこそ、**「あなた自身が何を大切にしてきたのか」といった価値観や、習慣、リズムを大切にしましょう。**古い伝統や、風習、時間をかけてこないとできないことに気づくときなのです。

山羊座の運を上げる本

山羊座の運を上げるものは、コツコツ淡々と積み重ねられる忍耐強いトレーニングについて書かれている本。また、伝統を愛し、古きを受け継ぎ、築かれたものを守っていく経営書もいいでしょう。

カテゴリーは「古典」や「習慣」、または「文庫」。

さらに、**表紙（カバー）の色は、濃い緑、黒、茶**がおすすめ。タイトルや目次、本文中に、「ストイック」「仲間」「野生の勘」「人生の目的」「歴史」「努力と成長」「勝ち負け」「巡礼」「続ける」「〇〇道（茶道、華道、剣道、弓道、武士道等）」のような言葉が入っていると、山羊座のエネルギーを高めてくれます。

いにしえの中国を知ることは古典に通じます。宮城谷昌光氏の歴史小説シリーズ

『小説　伊尹伝　天空の舟』『太公望』『管仲』『晏子』『孟嘗君』がおすすめ。この流れで読めば、始皇帝が中華統一する以前の中国、春秋・戦国時代を一通り網羅できます。

日本の歴史にも欠かせない**『論語』**は、孔子と弟子との問答を通じて、さまざまな困難に耐えながら、どのような人格を磨いていくのかが書かれています。

漫画では、課題を乗り越えていく「成長もの」がおすすめ。尾田栄一郎氏の**『ONE PIECE』**。鬼才、浦沢直樹氏の**『Happy!』『20世紀少年』**も、さまざまな困難を乗り越えていくキャラクターの姿が山羊座のパワーをチャージしてくれます。

山羊座生まれの作家から運命の本を探す

山羊座生まれの作家は、三島由紀夫氏や村上春樹氏のように、しっかりとした規則正しい生活スタイルを基に、大作を書き上げる傾向があります。

彼らの小説自体もいいのですがエッセイにこそ、山羊座らしい内容が書かれています。三島氏の**『文章読本』**、村上氏の**『夢を見るために毎朝僕は目覚めるのです』**は、まさにそうした一冊。

山羊座　運命の本

『論語』／金谷治 訳注（岩波書店）

『ONE PIECE 1』／© 尾田栄一郎（集英社）

『夢を見るために毎朝僕は目覚めるのです』
／村上春樹（文藝春秋）

京セラ創業者で平成の名経営者、稲盛和夫氏の『**生き方**』には、長期的な目標を持ち忍耐を持って歩んでいく、まさに山羊座の力を高めていくプロセスが書かれています（戸籍は水瓶座生まれになっていますが、山羊座説もあります）。

山羊座生まれの作家・著名人

*敬称略／括弧内は誕生日

宮部みゆき、綾辻行人、山崎まさよし（12・23）／北康利、北川悦吏子（12・24）／藤沢周平、小栗旬（12・26）／石田スイ、ジョン・グレイ、石原裕次郎、渡哲也（12・28）／錦織圭（12・29）／開高健（12・30）／俵万智（12・31）／尾田栄一郎、夢枕獏、細川智栄子（1・1）／浦沢直樹、アイザック・アシモフ（1・2）／三田紀房、山田風太郎（1・4）／宮崎駿（1・5）／ジャンヌ・ダルク（1・6）／白洲正子（1・7）／エルヴィス・プレスリー（1・8）／深津絵里、ちばてつや、山岡荘八（1・11）／村上春樹、井上雄彦、中谷美紀（1・12）／三島由紀夫（1・14）／町田康（1・15）／森川ジョージ（1・17）／ビートたけし、佐藤優（1・18）／松任谷由実、宇多田ヒカル（1・19）

山羊座のエネルギーを高める「パワーリーディング」

「コツコツ続かない」「がんばっているのに評価されない」「上司との関係がうまくいかない」など、こういうときは、山羊座のパワーが不足している状態。

山羊座のエネルギーを高める読み方「パワーリーディング」は、まず自分が到達したいレベルの本を選ぶこと。**かなり難解であったり、分厚い専門書のような本だった**

りするといいでしょう。そして、その到達したいレベルに向かって、一冊一冊読み進めていくことで、山羊座のエネルギーがチャージされていきます。

はじめは、一週間の中で読む曜日と時間をあらかじめ決めましょう。すでに習慣化している行動に付け加えると続けやすいです。

たとえば、朝にコーヒーを飲む習慣がある方なら、朝コーヒーを飲むのと一緒に、本を3分読むといったように、**既存の習慣に付け加えるのです。**そして3分に慣れてきたら、少しずつ時間を増やして、5分、10分、15分……と延ばしていくのがいいでしょう。

書店や図書館のコーナーから見つける山羊座の「パワースポット」

「古典」や「習慣」または「文庫」のコーナーがパワースポット。運命の本に出会える可能性がある上、運気そのものや山羊座のパワーをチャージしてくれます。

水瓶座の運命を動かすのは「革新的」な本

1／20～2／18生まれ　エレメント：風
水瓶座の本質：個性、先端、解決
守護星：イノベーションを司る天王星

水瓶《みずがめ》座を一言で言うと強烈な個性。

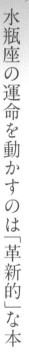

自分の頭で考えたことをひとりで貫いていく。その反面、自分の信じることに対して、揺らぐことで悩むことも。他人に縛られることを嫌い、自由でありたい、特別な人でありたいという欲求があります。

独創性な新しい技術や革新的、未来的なものに対して関心を秘めていて、新しい流れを生み出すものに興味が湧く傾向があります。

一方、何事も広く浅く、客観的に俯瞰《ふかん》することができるので、エンジニアや開発者として活躍している人も多いことでしょう。

普段通りにしているだけなのに、人からは変わっている、個性的だと思われがち。時に、そう思われることに抵抗があるかもしれません。

ですが、**それを自然と受け入れられるときに、時代に合った新しい製品、サービスやイノベーティブなものを生み出せるようになる**ことでしょう。

水瓶座の運を上げる本

水瓶座のパワーを高め、運を上げるのは、**「時代の最先端」や「新しさ」を感じる本。**

カテゴリーは「コンピューター」や「理学・工学」「時代予測」。

さらに、**表紙（カバー）の色は、メタリック、蛍光ブルー**がおすすめ。タイトルや目次、本文中に、「先端」「独自性」「ハイテク」「ビジョン」「人工的」「論理的」「シナリオ」「時代の潮流」「イノベーション」などの言葉が入っていると、水瓶座のエネルギーを高めてくれます。

ビジョンや戦略を考えるのに必須の本、ジム・コリンズの**「ビジョナリー・カンパニー」シリーズ**。日本のベンチャー企業を興したほとんどの経営者が参考にしているといわれ、個性的な水瓶座パワーをしっかりチャージできます。

ピーター・ティールとブレイク・マスターズによる**『ゼロ・トゥ・ワン』**は、これからの世の中を予見していた本。「ゼロ・トゥ・ワン」というゼロからイチを生み出すイノベーションと、「ワン・トゥ・エヌ」という1をコピーしていくグローバリゼーションを描いています。

ニック・ボストロムの**『スーパーインテリジェンス』**は、ＡＩが人類全体の知性より優《まさ》るようになった場合、いったいどのようなことが起こるのかが描かれています。

また水瓶座の人は、**ＳＦ映画やドラマを見ることで**最先端に触れ、未来のシナリオを描いていくことで運命を変えていきます。

＊水瓶座生まれの作家から運命の本を探す

モード界を牽引し続けるクリスチャン・ディオールの創業者、クリスチャン・ディオールは水瓶座。自叙伝**『一流デザイナーになるまで』**にある「すべての女性を公爵

水瓶座　運命の本

『ゼロ・トゥ・ワン』
／ピーター・ティール、ブレイク・マスターズ
（NHK出版）

『スーパーインテリジェンス』
／ニック・ボストロム（日本経済新聞出版社）

『ヤマタイカ1』星野之宣（潮出版社）

夫人のような外見と気分にできたら、最高だろう」というディオールの言葉は、洗練されていて、先端性を感じさせますね。

水瓶座の漫画家では、SFや未来を描いたものが多い印象。日本の戦隊ものやヒーローものの元祖、石ノ森章太郎氏の『**仮面ライダー**』『**サイボーグ009**』。不朽の名作、貞本義行氏の『**【愛蔵版】新世紀エヴァンゲリオン**』。永野護氏の『**ファイブスター物語**』、星野之宣氏の『**ヤマタイカ**』なども、未来の世界を描いています。

新海誠監督の、映画も書籍も大ヒットした『**君の名は。**』『**天気の子**』もおすすめ。

水瓶座生まれの作家・著名人

＊敬称略／括弧内は誕生日

クリスチャン・ディオール、永野護（1・21）／網野善彦、中田英寿（1・22）／湯川秀樹、小日向文世、ムロツヨシ（1・23）／野際陽子（1・24）／ジム・コリンズ、石ノ森章太郎、松本零士、池波正太郎（1・25）／綾野剛（1・26）／ヴォルフガング・アマデウス・モーツァルト（1・27）／星野源（1・28）／アントン・チェーホフ、貞本義行、星野之宣（1・29）／綿矢りさ、吉沢亮（2・1）／劇団ひとり（2・2）／橋本環奈（2・3）／宮城谷昌光、東野圭吾、佐々木蔵之介（2・4）／大地真央（2・5）／福山雅治、坂井泉水、中田ヤスタカ（2・6）／向井理（2・7）／山本寛斎（2・8）／伊集院静、あだち充、新海誠（2・9）／栗本薫、有村架純（2・13）／沖方丁、はじめしゃちょー（2・14）／オダギリジョー、松岡茉優、高倉健、相川七瀬（2・16）／YUKI（2・17）／陳舜臣（2・18）

水瓶座のエネルギーを高める「パワーリーディング」

「個性を発揮できていない」「枠にとらわれている」「束縛を感じる」「自分のやりたいことを見つけられない」「時代に合わない」「誰かのマネをしている」などと感じるときは、水瓶座のエネルギーが不足している状態。

水瓶座のエネルギーを高める読み方「パワーリーディング」は、**一瞬で目を奪う新しい「何か」を見つけられるかどうか。**また、常に読み方を進化させ続けましょう。一字一句読み落としがないように読む「従来の読み方」ではなく、「新しい読み方」をしていく必要があります。

Kindleや iPad など、**先端デバイスを使って読む**のもいいですね。

書店や図書館のコーナーから見つける水瓶座の「パワースポット」

「コンピューター」や「理学・工学」「時代予測」のコーナーがパワースポット。運命の本に出会える可能性がある上、運気そのものや水瓶座のパワーをチャージしてくれます。

魚座の運命を動かすのは「インスピレーションとファンタジー」の本

2／19～3／20生まれ　エレメント：水
魚座の本質：深い真理、夢、信じる
守護星：スピリチュアルを司る海王星

魚座は深い真理、本質的なものを求めている星。

一見すると、その深い観点というのは、他の人には理解されず、優柔不断として捉えられるかもしれません。ただ、本人は深海まで潜り、そして、その潜在性の中に、本質を見いだしているのです。

魚座は、**目に見えない世界や、スピリチュアルに対して、興味があったり、その力をうっすらと自覚したりしている人も多いのが特徴です。**

現代社会の枠にはハマり切らない人なので、一般的な社会の常識だけで考えるとつらい部分があるかもしれません。基本的に献身的で、自己を犠牲にしてでも物事を進めるので、厳しい場面があるかもしれません。

それでも、**自分の内面と向き合える力が身についてくると、言葉にできなかったことが芸術的に表現できるようになり、多くの人を魅了するようになる**でしょう。

魚座の運を上げる本

魚座のパワーを高め、運を上げるのは、**「没入感」と「インスピレーション」を得られる本。**読み始めるとストンとその世界に落ち、次々にアイデアがあふれるような本です。

カテゴリーは「宗教」や「芸術・音楽」そして、「ファンタジー・ライトノベル」。

さらに、**表紙（カバー）の色は、青、マリンブルー**がおすすめ。タイトルや目次、本文中に、「潜在性」「心」「同調」「深いつながり」「深い愛」「インスピレーション」「イマジネーション」「理想」「精神」「光」「究極」「眠り」「魂」のような言葉があると、魚座のエネルギーを高めてくれます。

宗教書でおすすめなのは、手塚治虫氏の『**ブッダ**』。ちなみに魚座は、蠍座でおすすめした「宗教」「スピリチュアル・精神世界」よりももっと深く、輪廻《りんね》転生《てんせい》、因果応報など本質を表しているこのような本がおすすめ。

ファンタジー・ライトノベルでは、異世界転生カテゴリーを不動のものにした、小野不由美氏の「**十二国記」シリーズ**。また、理不尽な孫の手氏の『**無職転生 異世界行ったら本気だす**』もおすすめです。

音楽ジャンルでは、ハロルド作石氏の音楽バンドものの漫画『**BECK**』や、矢沢あい氏の『**NANA**』がおすすめ。

✳︎魚座生まれの作家から運命の本を探す

魚座生まれの作家、辻村深月氏の『**かがみの孤城**』は、学校で居場所をなくした思春期の子どもたちが、鏡の世界を通じて再び輝く物語。登場人物のそれぞれのシーンも、最後のどんでんがえしも絶妙。魚座の本質を求める心を癒してくれること間違いなし。

ダン・ミルマンの『**[魂の目的] ソウルナビゲーション**』は、数ある数秘術の中で

魚座　運命の本

『ブッダ』／手塚治虫（潮出版社）

『月の影 影の海（上）十二国記 1』
／小野不由美（新潮社）

『かがみの孤城』／辻村深月（ポプラ社）

も、数の解釈をするのに役立つ一冊。「1は創造と自信、2は協力とバランス、3は表現力と感性、4は安定とプロセス、5は自由と訓練、6は理想と受容、7は信頼と解放、8は豊かさと力、9は高潔さと知恵、0は霊的素質」という数字の意味を知っているだけでも、魚座の潜在力が高まります。

漫画家の木城ゆきと氏の**「銃夢」シリーズ**は、人間が機械化していく中で「人間の存在とは」を問う、魚座らしい深い真理に通じる内容でおすすめです。

魚座生まれの作家・著名人

＊敬称略／括弧内は誕生日

大前研一（2・21）／ダン・ミルマン、うえやまとち（2・22）／中島みゆき、百田尚樹（2・23）／スティーブ・ジョブズ（2・24）／ピエール＝オーギュスト・ルノワール（2・25）／桑田佳祐（2・26）／辻村深月、赤川次郎（2・29）／芥川龍之介、花咲アキラ（3・1）／ミハイル・ゴルバチョフ、鏡リュウジ（3・2）／野島伸司、ジュリア・キャメロン、中村ゆりか（3・4）／松山ケンイチ、ベルナール・アルノー、エドガー・H・シャイン（3・5）／ミケランジェロ（3・6）／矢沢あい（3・7）／桜井和寿、水木しげる（3・8）／シャロン・ストーン、松田聖子、藤子不二雄Ⓐ（3・10）／三木谷浩史（3・11）／吉永小百合（3・13）／アルバート・アインシュタイン（3・14）／武内直子（3・15）／ハロルド作石（3・16）／甲本ヒロト（3・17）／竹内まりあ、竹中直人、木城ゆきと（3・20）

魚座のエネルギーを高める「パワーリーディング」

「優柔不断」「望まない人間関係を終わりにしたい」「悪い流れを終わらせたい」「怒りや悲しみ、憎しみを手放してリセットしたい」「目に見えない力を扱いきれない」など、こういうときは魚座のエネルギーが不足している状態。

魚座のエネルギーを高める読み方「パワーリーディング」は、「塩」の活用。**なかなか読み終わらない本や、手に取ったときに、嫌な感じがする本を読む際には、軽く塩を一つまみ手のひらにのせて、手をこすり合わせてみましょう。**こうすることで、不思議と邪気が飛んで、すんなり読めることもありますよ。

書店や図書館のコーナーから見つける魚座の「パワースポット」

「宗教」「芸術・音楽」「ファンタジー・ライトノベル」のコーナーがパワースポット。運命の本に出会える可能性がある上、運気そのものや魚座のパワーをチャージしてくれます。

第 3 章

運命の本との「出会い方」・運命を動かす「読み方」

地域によって出会える本は違う

そろそろ、あなたは「運命の本」探しの旅に出かけたくなったことでしょう。

この章ではそんなあなたのために、**書店での探し方、そして本とあなたの魂がより共鳴するための読み方**をお話ししていきましょう。

「書店はパワースポット」「新刊本を買うことはパワーをもらえる」と、第1章でお伝えしました。ここでもう少し、書店のお話をしましょう。

私は、書店が大好きです。仕事柄、さまざまな地域に行くことが多いのですが、出張の際に必ず行うのは、その地域にあるお気に入りの書店に行くことです。コロナ禍以前は、日本だけでなく海外の書店も訪れていました。

なぜなら、**その地域ならではの特色が書店の棚に現れているから。**その地元の書店ならではの売れ筋やトレンドを見る楽しさがあるのですよね。

たとえば、福島県の郡山《こおりやま》は、明治の志士たちのメンターであった「安積艮斎《あさかごんさい》」の生まれ故郷です。地元である郡山のうすい百貨店にある**ジュンク堂書店郡山店には、安積艮斎に関する書籍が、他県の書店よりもたくさん置いてありました。**

私は占星術の学びを深める意味でも、過去に起こった歴史的出来事のホロスコープを見ながら、その時代に起こったことを検証することをよくしています。その際に大変助かりました。

またコロナ禍以前にパリへ行ったときには、DX関連の書籍を何冊か購入しました。日本では、フランスの本はなかなか手に入らない上、英語に比べビジネス書が翻訳されることも少ないのですが、フランスは当時、マクロン政権の方針もあり、農業IT化が進んでいました。

そのときはパリの大型書店へ行き1時間ほど、約100冊の本をパラパラしながら、フランス語の本を読み漁《あさ》りました。私はフランス語が堪能というほどではありません。

ただ、パラパラとめくっていると、不思議と現地で話されている言葉の感覚がしみわたってきて、見慣れてくるのです。

そのときは、**『La MEGA boîte à outils du Digital en entreprise』**、**『DIGITAL MARKETING INSIGHTS 2018』**と、日本ではまず翻訳されないであろう本を持ち帰ることができました。その後コロナ禍のデジタルマーケティング戦略に大きく役立てることができました。

中国へ行ったときには、論語や儒教、道教の本が日本よりあるので、そうしたジャンルの本をよくチェックしています。

中国語の場合、たとえ中国語がわからなくても、書かれている文字は日本の漢字と共通項の多い、簡体字ないし繁体字で書かれているので、内容をある程度、想像することができます。

ちなみに、**海外書籍の場合、はじめは図やイラストなど、文字以外で書かれている内容が入っている本がおすすめです。**その図やイラストでだいたいの内容を説明していたり、その図やイラスト自体を説明したりするように、本文が構成されているため読みやすいのです。

私は旅行先でも、ついつい大量の本を購入してしまい、いつも帰りの飛行機で重量オーバーになってしまうのが悩ましいですね（毎回、重量を超えた本は可能な限り手荷物で機内に持ち込んで必死の思いで持ち帰っています）。

訪れた書店にはどんな本が並んでいるか、その地域ならではのラインナップがあります。その書店だからこそ出会える本もあります。その地域ではいま何が求められているのか、**書店の棚には住んでいる人たちの暮らしがよく現れているものです。**

あなたの街の書店にはどんな本がありますか？

あなたの「運命の書店」の見つけ方

書店に頻繁に足を運ぶようになると気づくかもしれません。

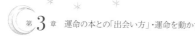

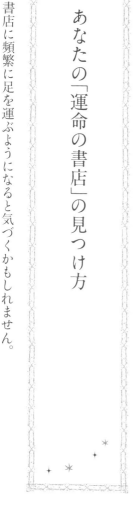

書店で買うにしても、せっかくなら「ここで買いたい」という店が出てきます。**人と人に相性があるように、書店と人にも相性があるのです。**カフェでもレストランでも、数ある中からよく行くのは、「このお店、なんか好きだな」というお気に入りの一軒。料理がおいしい、コスパがいいに加えて「このお店に来ると、なんか気持ちがいい」という感覚が、きっとそこにあるのではないでしょうか。

書店も同じ。あなたとの相性があります。それは規模の大小ではなく、近所だからという立地の問題でもありません。

その理由のひとつに、**本の品揃《しなぞろ》えによるエネルギーが影響しています。**本や書店の発するエネルギーの周波数が、あなたの波長にピッタリ合うと、足が自然と向いて、寄りたくなるのです。

そんな書店に足を踏み入れると、いい気分になります。**訪れた人と書店のエネルギーが共鳴するからこそ、気分も上がる**のでしょうね。

私にとってそんな「運命の書店」は、センスのいい書店員さんが並べたであろう棚があるところ。そんな棚は、本当に美しくて感動するほどです。

「わかってくれているな」と感激して、棚に並んでいる本を全部買い占めたくなりますし、ほしい本もどんどん目に飛び込んできます。

運命の書店は、いまの自分に必要な本がすぐに見つかるのです。

たとえ狭くても、冊数は少なくても、いい本がちゃんと並んでいるなと感じられる書店もたくさんあります。

ここへ行けばテンションが上がる、ワクワクする！　といった自分の感覚を大切に、ぜひあなたのお気に入りの一軒を見つけてみてください。

書店で見つける「運命の本」の探し方

書店に行くとき、「あの本を買おう」と、目的を持って訪れますか？

具体的に探している本がなくても、「今後のビジネスの方向性で悩んでいる」「家族との問題を解決したい」などといった**解決したいテーマや「お願いごと」を思い浮かべながら書店で本棚を見渡すと、運命の一冊と出会いやすいはずです。**あなたが何か課題や問題を抱えていたり、エネルギー不足だなと感じたりしているのであれば、**第2章で紹介した星座別のおすすめの本をイメージするのもいいですね。**

もちろん、あえて目的を持たずフラットな状態で、「とりあえず書店に行ってみよう」といった軽い感覚で行くのもおすすめです。

ここで、私が実践している、書店で運命の本を探す方法をご紹介しましょう。

書店に行くとまず、「お願いごと」を思い浮かべながら本棚全体を俯瞰《ふかん》して、見渡してみます。

すると、たくさんある中でも、ふと目に飛び込んでくる本があります。それが「この本を手に取ってほしい」という宇宙からのメッセージ。

そしてピンと来たら、迷わず手に取って開いてみるのがコツです。

手に取ってみると、本によっては見た目よりもずっしりとした**重みを感じる、手がビリビリする、背中がゾクゾクする**ことも。また、パラパラッとめくってみると、**真**

ん中のページが輝いて見えることがあります。

書店に気軽に行き、本に出会うチャンスを増やしていけば、いずれ「もしかして、これかな」という感覚がわかるときがやってきます。

まずは一冊、何かしら手に取って、あなた自身にどんな変化があるかを感じてみることから始めてみてください。

虹のように光って見える「レインボー本」を見つけよう

ときどき、光って見える本に出会うこともあります。

それこそ、「この本を手に取って」という宇宙からのメッセージ。

その本をパラパラすると、ページの真ん中が虹色に光っています。

こうした本を、私は「レインボー本」と呼んでいます。

なぜ光って見えるのかというと、**本の持つ周波数と自分の持つ周波数が調和して、美しいハーモニーを奏でている状態になっているから。**その調和が、光となって届いてくるのだと、私は受け取っています。

「自分は何も感じない」という人もいるかもしれませんが、この感覚は誰しも持っているもの。いまはまだ、気づいていないだけなのかもしれません。

本の背表紙や表紙（カバー）を見ていると、ちょっと明るい気分になれたり、ワクワクしたり、逆に嫌な気持ちになったり、本当はしているはずなのです。

本を読む前に、「本を手にしたとき自分の気持ちがどう変化するか」などこれまで意識してこなかったかもしれません。だから慣れていないだけ。

次に本を手にするときは、わずかでも気持ちの変化が起こっていないか、注意を払ってみましょう。

また、体に小さな変化が起こっていないか、観察してみてください。

実際に私のように思った以上にグッと本の重さを感じたり、光が見えたりするという人もいるでしょう。**人によっては、何かしらのビジョンが浮かんできたり、メッセージが音となって届いたり、触った肌感覚でわかる人もいるかもしれません。**いろいろなパターンがあるでしょう。

私の場合、一時期ビジョンが見えすぎ、さらに本を読んで受け取ったメッセージ通り実行したらうまくいきすぎて、ちょっと怖くなったこともあります。

とはいえ、「本から何も感じられない」と思っていても、大丈夫。

私のクライアントも、運命の本に出会い、本を読むようになり、足しげく書店に通うようになってから、次第にそんな感覚に気がつくようになりました。

きっと数をこなすうちに、感覚が研ぎ澄まされていくのでしょう。

だから、いまは何も感じられなくても心配はいりません。

必要な本は感覚があってもなくても、きちんとあなたの元に届くようになっているので、何も感じないままでもいいのです。

古書店での本との出会い方

これまでに、書店で新刊を購入することをおすすめしてきました。

新刊で、月々買うお金の余裕のある方も、そう多くないかもしれません。

私自身も、まだいまほど本にお金がかけられなかった20代の頃は、古書店をよく利用していました。特にBOOKOFFのヘビーユーザーで、いろいろな地域にあるBOOKOFFを周って本を探していました。


古書店には、新刊書店にないメリットもあります。

書店は新刊が多く並ぶ分、入れ替わりが早いため、気になった本があっても2週間もすれば置き場が変わったり、さらに数年前の本は見つけづらかったりします。

数年前に人気のあった本の場合は、古書店の方が出会える確率は高く、新刊書店では見つけられない本に出会えるという良さがあります。

古書店は新刊書店と同様、地域の特色がよく表れているように思います。

たとえば比較的、富裕層の方が多く住むエリアの古書店に行くと、学術本や美術本など高額な本が、割ときれいな状態で手の届く価格で置かれています。

学生の多いエリアなら大学の教科書や漫画の種類が豊富です。店舗によっては、100円均一で売られている本の量が多いなど、特色があります。

古書店をよく利用していた学生時代は、ビジネス自己啓発書にハマってよく読んでいました。たとえば、本田健氏の『**きっと、よくなる!**』や、神田昌典氏の『**非常識な成功法則**』がお気に入りでした。

私は気に入ったら、その本を友だちによくプレゼントします。

当時も、「これは絶対、友だちにも読んでもらいたい」と、わざわざ何冊も購入していろいろな友だちに配りまくっていました。学生でしたので、誕生日などの特別なとき以外のプレゼント本はだいたい古書店で購入。

私があまりにも大量に同じ本を購入するので、あるとき古書店のスタッフに、「あなた、同じ本を何冊も買っていますよね」と呼び止められたことがありました。

どうやら、「せどり」をする業者と間違えられてしまったようなのです。

事情は説明したのですがわかってもらえず……。そのうち、お気に入りだった古書店を〝出入り禁止〟になってしまった切ない過去があります。

いまは、古書店に行く機会は以前より減りました。

ただ、企業コンサルをしていると、マーケティングには地域の情報が必要なこともあります。ある業界や特定のエリアについて調べたいときや、過去の業界の動向を見たいときには、いまでも積極的に古書店を活用しています。

図書館や古書店で出会った本のちょっとした「お清め法」

図書館や古書店は、本にあまりお金をかけられない学生や、ものを増やしたくない人には大変素晴らしいサービス。

図書館で本を借りたり、古書店で買ったりするときに、少し意識しておきたいのは、**「すでにいろいろな人が触れてきた本」**であるということ。

本にはエネルギーが込められているという話をしました。図書館や古書店は、すでにいろいろな人の手に渡っているため、**良くも悪くも誰かのエネルギーが加わっている可能性があるのです。**これに関しては気にしすぎなくてもいいのです。

ただ、気になる人もいますよね。手に取ってみたけれど、なんか違和感があって、いい感じがしない。だから、図書館で本を借りたくない、古書店で本を買いたくないという人もいます。私も、じつは少し気になる方。

でも絶版になってしまっていて、どうしても、その本を手にしないといけない。そういうときに、ちょっとした「お清め」がおすすめです。

一度本を置いて、パンパンと2回手を叩《たた》いてお祓《はら》いをします。神社へ行って柏手《かしわで》を打つようなイメージです。

もっとしっかり浄化したいというときもあるでしょう。そのときは、次のようにしてみてください。

本の上に、A4くらいの白いコピー用紙や半紙、ティッシュペーパーといった紙を置きます。その上に塩を少しだけ盛り一晩ほど置きます。すると清められます。

この方法で、嫌な感じがするなと思った本も邪気祓いできます。

邪気が強い場合には、翌朝、悪いエネルギーを塩が吸い取り、紙が軽く濡《ぬ》れていることもあります。

このお清め法をすると、比較的まっさらの状態で本を読めます。その本が本来持つ、良いエネルギーを取り込むことにつながっていきます。

あなたのお願いごとがかなう「星のビブリオ読書術」

さて、ここまで本の探し方についてお話ししてきました。

第2章でも「12星座別の運命を動かす本」として、あなたの魂を揺さぶる本をご紹介してきました。

次にご提案したいのは、**本の持つエネルギーをうまく取り入れる際にも有効な「読み方」**です。**名付けて、「星のビブリオ読書術」**。そのポイントはたったひとつだけ。**それは、自分の中に「お願いごと（問い）」を立てておくことです。**

たったこれだけです。世界一簡単ですね（笑）。

自分はいま何が知りたくて、何を解決したくて本を読むのか、「お願いごと」を明らかにしておくこと。これは、本を選別する際にも使えます。

読む前にお願いごとを立てることで、読破しなくても、必要な情報は必ずあなたに届くようになっています。

なぜなら、まずは「お願いごと」を立てることで、あなたにも情報（もしくは、エネルギー）を受け取る準備ができたことになるからです。

だから、**「星のビブリオ読書術」では、本は隅から隅まで読まなくても大丈夫**としています。

第1章でも少しご紹介しましたが、「本は最初から最後まで、全部を読まなくてもいい」のです。

本をパラパラッとさせて、パカッと開き、そこから読んでみるのもありです。もちろん、最初の一ページ目から最後まで、隅から隅まで読んでもいいですよ。

このとき、どんなお願いごとを立てるかによって、得られるものが変わってきます。「どうしたら幸せになれますか?」といった漠然としたお願いごとよりは、**具体的な「問い」に近いようなお願いごとの方がより情報を得やすいでしょう。**

たとえば、職場の人間関係に悩んだとき。周りの意見に流されてしまって、自分の思ったように動けていないと感じる、自分らしく行動できていないと悩んでいるとします。

そんなときは、「自分が幸せに動くためには、どんな具体的な行動ができますか?3つ教えてください」とお願いごとを立てて、本を読み始めます。

読み終わったとき、心に残っていたことがヒントになるでしょう。

先ほどご紹介した本をパラパラッとさせて、パカッと開く方法もいいですね。

お願いごとを立てた後、パラパラッとめくって、パカッと開いたところだけを読んでみます。**そこで目に飛び込んできた一文や、書いてある言葉が何かしらヒントになることもあるでしょう。**

お願いごとを付せんに書いて、本を開いたところに貼っておくのもおすすめです。何か月後に見てみるといつの間にか実現していることもありますよ。

「星のビブリオ読書術」で読むと本のエネルギーは何倍も受け取れる！

お願いごとを立てて本を開き読んでみると、はじめは抵抗したくなるようなフレーズが出てくることもよくあります。

たとえるなら、朝起きなくてはいけない時間、そろそろ起きようかなと思っているタイミングで、親から「早く起きなさい」と言われるような感覚。

頭では理解できるけれど、心は嫌といっている状態、目をそらしたくなる言葉もあるかもしれません。

また、問いに対する答えがストレートに出たときほど、「受け入れがたい」と感じることもあるかもしれません。

慣れないうちは戸惑うかもしれませんが、**慣れてくると、次第に親友からのメッセージのように自然と受け取れるようになってきます。このようにお願いごとを立て、答えを見つけようと〝能動的〟に読む。**

そこが、本のエネルギーをいかせるかどうかの分かれ道となります。

ぜひ「星のビブリオ読書術」を実践してみてください。それまで受動的に読んでいたときとはまったく違う読後感になりますよ。

朝のビブリオマンシーで一日を占う、一日を変える

「ビブリオマンシー」という言葉は聞いたことがあるでしょうか。

これは、古くはローマ時代から行われてきた占術です。ビブリオは「書物」、マンシーは「占い」を指す言葉で、日本語に訳すと「書物占い」という意味になります。

書物には「聖典」や「詩集」が使われていたとのこと。それら**書物のページを無作為に開き、単語や節を選ぶという占い方です。**そう、お伝えしてきた「パラパラッとしてパカッと開く」に通じますね。

これを朝一番に実践するのをおすすめしています。

昔のビブリオマンシーでは聖典や詩集を使いましたが、本ならなんでもかまいません。**朝の情報番組の占いコーナーや、雑誌に載っている星占いをチェックするような感覚で、「お願いごと」をして好きな本を開いてみるのです。**

その日がどんな一日になるのか、朝の過ごし方で一日が決まるといっても過言ではありません。

これについては科学的根拠もあります。「朝見た情報によって、その日一日の大半が決まる」という現象は、認知心理学でもよく知られていることです。

方法は、**起きたらまず本棚から好きな本を選んで開くだけ。**

ベッドの横に本を置いておき、起き抜けの朝一番に開くのが一番効果的ですが、家を出るまでの間、支度をする過程でパラパラッと開くのでもかまいません。

ちょうどパカッと開いた見開きページを読んだり、目に飛び込んできた一文を軽く読んだりします。**ページを読むではなく、「見る」くらいの感覚です。**この読書法なら時間がないという人や、読書が苦手という人も手軽にできるのではないでしょうか。

このときもなんとなくページを開くのではなく、お願いごとを立ててから開いてみてください。「楽しい一日にしたいので、ヒントをください」といった簡単なお願いごとでいいでしょう。

たとえば、今日は仕事に集中して取り組みたいなと思ったら、「そのためには何に気を付けたらいいですか」、今日はのんびりしたいなと思ったら、「のんびり過ごすのにおすすめな場所はどこですか」といったように、お願いごとの立て方は自由です。

そして、その日選んだ本は、通勤電車の中で読み返してみたり、休憩時間に開いてみたり、その日の相棒のように携えてみるのもいいですね。

本が伝える「あなたへのメッセージ」の読み取り方

本を「パラパラッとしてパカッと開く」占いは、ジャンルによっては、解釈しづらいページに当たることもあります。

ここでは、開いたページをどう解釈したらいいのかをご紹介したいと思います。

パッと開いて**本の目次**が出た場合。そのときは、ザーッと目次全体を読んでみてください。その中で、何か気になる言葉や、視線が止まる箇所を重点的に読みます。

章の始まりにあたる扉ページを開くこともあると思います。私の経験上**「その章全体が大事ですよ」**というメッセージであることが多いようです。その章全体のテーマや、そこで気になるテーマを探してみてください。

ちなみに、その人にとって縁が深い本の場合に、扉ページや、真っ白いページが出てくることがあります。**扉ページが開くのは、あなたとかなり共鳴している本である**

可能性の高いので、改めて読み直してみるのもいいでしょう。

小説の場合も、シーンによっては解釈しづらいものもありますね。

この場合、パカッと開いたページに書いてある**「出来事」にフォーカスしてみてください。**登場人物がどこかへ向かっているシーンなら、「動き出すとき」「前に進む」というメッセージに受け取れるかもしれません。誰がどんな行動をしているのか、何を話しているのかに注目して読んでみてください。

その行動に関することが、あなたの一日に再現されることもあるし、それを取り入れることで何か良い変化があるかもしれません。

たとえば、主人公がパスタを食べていたら、その日のランチをパスタにしてみるなど、こんな単純なことでいいのです。**普段しない行動をするだけで、行動に多様性が生まれ、運が上がります。**それをきっかけに、何か良い変化が起こることがあります。

私は歴史小説が好きで、中でも宮城谷昌光氏の作品をよく読んでいます。

ある朝、孔子を描いた『**孔丘**』を、「パラパラッとしてパカッと開く」をしてみました。

開いたページには、書籍を譲り受けるシーンがありました。

その日実際に、書籍をプレゼントしてもらうということがあり、わかりやすく「本のエネルギーが現実となった」一日でした。

また、なかなかビジネスが思うようにいかない時期に、同じ著者の歴史小説をパッと開いたときには、「われは自分の不遇にいらだって、大義を見失っていたのか」という一文が目に飛び込んできて、ハッとさせられたこともあります。まさにいまの自分の状態を言い当てられたような気がして、初心に立ち返ることができました。

ちなみに歴史小説には、苦しいシーンもあります。逆にそれは過去の偉人がどうやって逆境を乗り越えてきたのかということ。いまを生きる私たちへメッセージとも受け取れるシーンも多く、朝読むと良い一日を送るためのヒントが満載です。

もちろん、たまたま開いたページにネガティブなシーンが書かれていた場合は、ちょっと心配になりますね。今日一日こうなったら嫌だな、と。

でも心配する必要はありません。ポジティブに捉え直せばいいのです。

失敗する、裏切られるなど悲しいシーンは、「こうだったらいいのに」「こういうふうにすればもっとうまくいったかもしれない」など、良いイメージを自分の中で新たに作り上げるのです。

そうやって出来事をポジティブに捉え直し、理想とするシーンに上書きすることは、あなたの人生を前向きにするヒントにもなるはずです。

ホラーやサスペンスの本が好きな方もいますよね。個人的には、エネルギーをチャージするという目的のある朝の読書には、ネガティブなシーンが多いので、あまり適しているとはいえません。

でも、どうしてもという方は、はじめに、なるべくポジティブなメッセージをもらえる本で何度かやってみて、ネガティブをポジティブに捉え直せるようになったら、チャレンジしてみてください。

シェアして本のエネルギーを循環させれば運気アップ

いま、私は気になった本はすべて買うようにしています。買っても、すぐに読んでしまうので、本はどんどん溜《た》まっていく一方です。

自宅と事務所にも本棚があり、気に入った本はどちらの本棚にも置いておきたいと、2、3冊同じ本を購入することもよくしています。

おそらく**4万冊ほどの蔵書がある**かと思います。買い続けると置く場所もなくなるのが難点ですね。段ボールごと預けられる、「サマリーポケット」や「ミニクラ」といったサービスも利用しています。

ただ、どうしようもなくなった場合は、定期的に手放すようにしています。

どうやって手放すかというと、**読み終わった本は、その本を必要としている友人や**

知り合いにプレゼントしたり、まとめて知り合いのコワーキングオフィスに寄贈したりしています（もちろん、圧倒的に新刊でプレゼントすることが多いのですが）。

本には、著者の届けたいメッセージが詰まっています。

誰かにその本を贈ることは、そのメッセージをより多くの人に届けるのに、一役買っていることになります。

さらに、**本はエネルギーを持った個体なので、誰かに贈ることがエネルギーを流すことになり、うまくエネルギーを循環させていることになります。**エネルギーの循環がスムーズだと本の巡りも良くなり、良い本と出会える確率もどんどん上がっていくのです。

お金もエネルギーだという話をされる方もいますね。お金はエネルギーなので、循環させることで、お金の巡りも良くなっていくといわれています。

本にも同じことがいえます。

さらには確実に、「本との出会い運」も良くなっていきます。

著者をはじめとする多くの方が、いわば命を懸けて作り上げた本ですから、最後まできちんと敬意を持って接していたいと、私は考えています。

第4章

新月・満月、
そして水星・金星逆行の
読書術

宇宙のリズムと共鳴して読書をしませんか？

私たちは宇宙にある天体から、日々、何かしらの影響を受けています。

この章では、天体の動きに注目したおすすめの読書法を紹介していきましょう。

そもそも、なぜ私たちは遠く離れた天体の影響を受けるのでしょうか？

たとえば、いまあなたの目の前にロウソクがあるとして、その炎に手をかざせば熱さを感じ、離せば熱さを感じることもありません。

これは、わかりやすい太陽の作用と同じこと。夏の暑さや冬の寒さは、太陽と地球の距離が変わるために感じているのです。

そうやって私たちが太陽からいろいろな影響を受けているように、その他の惑星からも、なんらかの影響を受けています。

特に、**地球に一番身近な月から私たちが受ける影響は計りしれません。**

実際に、干潮や満潮などの潮の満ち引きは、月が引き起こす現象です。地球全体がそれほどに影響を受けているならば、人体も影響を受けていないはずがありませんね。

新月の日は出産が多い、満月の日は亡くなる人が多いという話や、月の満ち欠けに合わせて、体調が左右されるという人もいますよね。

新月と満月の周期は約2週間。新月と満月では月の形が違うように、そのときどきで地球が受けるエネルギーも変わってきます。

じつは、月の満ち欠けのサイクルに沿った行動をすることで、運気が上がります。私たちも宇宙のリズムと共鳴し、運の波に乗りやすくなります。

特に、この宇宙のリズムと共鳴して読書をするのはおすすめ。この章ではそんな宇宙のリズムと共鳴する読書方法をお伝えしていきます。

新月には「新しい本」や「積ん読本」で新たな自分を発揮

では、さっそくどんな天体のときに、どんな本を読むのが宇宙のリズムと共鳴することになるのか、お話ししていきましょう。

まずは、新月です。**新月は、夜空に月が見えない状態**ですね。

太陽・月・地球が順に一直線に並んで、太陽の光が月の地球から見える部分を照らさないため、地球からは月は見えません。

新月で見えなかった月に徐々に光が当たり、三日月から半月を経て、やがて満月となる。このサイクルとともに私たちは生きています。

つまり新月は、これから満月に向けて月が満ちていく、まさに「始まりのとき」。

マーケティングの業界では有名な話ですが、新月にメルマガやセールスレター、D

Mを配信すると購買率が高いというのがあります。

新月のときは、不思議と何か行動したくなる人が多いのですよね。

これは、読書も同じこと。

新月は、新しい本を手にするのに、最適なタイミングなのです。

普段書店に行く習慣のない人なら、新月の前後に書店へ足を運んでみることをおすすめします。もしかすると、新たな読書の世界への扉を開けてくれる本と出会えるかもしれません。

普段から読んでいる人は、**まだ読めていなかった「未読本」や「積ん読本」を読むのにもいいときです。**

さらに、これまで、手にしてこなかった新しいジャンルのコーナーに足を運んでみるのもいいかもしれません。まったく興味のなかった分野でも、この本で開眼！　という新たな出会いがあるかもしれません。

もちろん、新月だからといって、当日に新しい本を手にしなければと意気込んだりしなくても大丈夫。

次の満月の日が来るまでに、**2週間かけてじっくり読みたい本を選んでおく、検討しておくだけでも、新月にピッタリな読書スタイルとなります。**

参考までに、私の新月読書法をご紹介しましょう。

のちほどお話ししますが、月は約2日おきに次の星座に移動しています。

まず、今月の新月がどの星座で新月になるかを調べます。そして、**その星座の作家の本を選んで新月読書をしています。**

たとえば、牡羊座《おひつじ》の新月のときは、中島京子氏の本、牡牛座の新月は、西加奈子氏の本……といった具合です。このように過去読んで良かった作家の誕生日をあらかじめ調べて、その新月付近にどの本を読むかある程度決めます。

ちなみに、この本を書いている少し前の2022年の11月頃、蠍《さそり》座の新月、満月は牡牛座でした。

蠍座生まれの北方謙三氏の『**チンギス紀　十四**』を選びました。そして満月には、無性に牡牛座生まれの冨樫義博氏の『**HUNTER×HUNTER**』と『**幽★遊★白書**』が読みたくなって一気読みしました。

第2章でも、星座別にさまざまな作家を紹介していますので参考にしてください。

読み方としては、次の満月が来るまで2週間あるので、一冊の本を2週間かけてじっくり読んでみるのもいいでしょう。

毎日少しずつページをめくり、月が満ちていくように、本にある言葉を自分の中にしみ込ませていくのもひとつの方法です。

また、やってみたかった速読方法を試してみたり、線を引いて読んだり……と普段とは読み方を変えるのもおすすめ。

読み方が変われば、受け取れるものが変わってくることもあります。

あなたにはどんなスタイルがしっくりくるのか、あれこれと試してみることも楽しんでください。

満月には手元にある本を再読して運気アップ

夜空に輝く満月は、見ていると特別な気持ちになりますね。

満月のときも、太陽と月が同じく重なっている状態です。新月のときとは180度違う配置。地球を挟んで太陽と月が、真向かいで重なっている状態です。

満月は、満ちたものを収穫し感謝をするとき。

そして満月を境に、月が欠けていく時期に入るので、**不要なものをリリースするのにもいいタイミングです。**

これまでの「振り返り」と「感謝をする」にふさわしいときなので、新月に、新しい本と出会うのとは逆に、**すでに持っている本や読み終えた本を見返してみることをおすすめします。**

「あなたの好きな本はなんですか？」と聞かれたら、真っ先に思い浮かぶ本はなんでしょう。何度も読み返したい。この本だけは手元に置いておきたい。そんなふうに大切には思っているけれど、**普段なかなか読み返したりすることのない本を、満月のタイミングでもう一度手に取ってみてください。**

読み返してみることで、なぜ自分がその本が好きだったのか、忘れていた気持ちを思い出すこともあるでしょう。または、以前読んだときとは違う、いまの自分だからこその発見や気づきがあるかもしれません。

私の知り合いで、もっとも魂が震えた本はヴィクトール・E・フランクルの『**夜と霧**』だという人がいました。運命の本だとは感じていても、本棚に入れっぱなしで再読することはなかったそうです。

しかし、満月のタイミングで数年ぶりに読み返すと、あるシーンが心を打ったそうです。それは、強制労働で働かされている中、広大な夕日に胸を打たれるシーンだったそう。ここの部分を読み返すことで違った味わいを覚えたそうです。

「夢をかなえたい」と願望を満たすために行動し、努力することも大切ですが、**これまでにかなえてきた、すでに手にしていることに目を向けることも大切。**

あれほどあこがれていたことがかない、いったん当たり前になってしまうと、ありがたみや感謝することも忘れてしまいがち。

満月というタイミングを機に過去を振り返ってみると、あのとき願っていたことが、もうすでにかなって幸せな状態でいることに気づくでしょう。

このように、満月のときにはいま持っているものに感謝する意味でも、手元にある本を見返すことが運気がアップすることにもつながります。

どの星座の位置に新月・満月が来ているかで読む本を選ぶ

「今日は牡牛座の新月です」「今度は蠍座の満月だね」

最近では、SNSでもこんな表現を見かけることがあります。

新月・満月は2週間ごとに来るとお話ししました。

月は毎日どこかの星座に位置しています。

宇宙にある天体は、それぞれ独自のペースで12星座を一巡しています。

太陽は1年かけて12星座を巡るので、ひとつの星座に約30日とどまっていることになります。

一方、月はそれよりもだいぶ速いスピードで移動しており、**約27日のサイクルで12星座を巡っています。つまりほぼ1か月で12星座をすべて回っている**ため、ひとつの星座にとどまるのは2、3日という計算になります。

月がどの星座に滞在しているかによって、私たちに影響するエネルギーが変わってきます。新月・満月のときは、太陽と月が重なり、特にエネルギーも高まっているときになります。

たとえば、新月が牡羊座に位置するとき。

牡羊座は、12星座の始まりの星座でもあるので、物事の始まり、幕開け、これから動き出す際に背中を押してくれるようなパワーを授かりやすくなります。

そのタイミングで第2章の「牡羊座」のページで紹介してあるジャンルの本を読むと、新しく物事が動き出す良いきっかけをもらえることもあるでしょう。

次の牡牛座に移動すると、今度は牛が一歩一歩進んでいくように着実に物事を進めていく、安定させていくパワーを与えてくれるので、「牡牛座」のページで紹介しているカテゴリーの本を読んでみましょう。

月がどの星座に位置しているのかを把握して、それぞれの星座が持つ影響力をうまく活用することで、そのとき一番ちょうどいい波に乗ることができます。

「運がいい」というのは、タイミングがいいということ。ちょうどいい波に乗って、軽やかに行きたい方へ進んでいけばいいのです。

第2章では、各星座がそれぞれに持つパワーも紹介しています。

あなたの星座をチェックする以外にも、月がいまどの星座に滞在しているかを調べて、その星座に合わせたテーマの本を読むことで、ちょうどいい波に乗れることでしょう。

物事が滞る「天体の逆行」とは？

宇宙にある天体の中で、太陽と月は逆行しません。

それ以外の天体は逆行することがあります。最近は、「水星逆行」という言葉もよく聞くようになったので、知っている方も多いかもしれませんね。

逆行とは、本来進むべき方向とは反対の方向に進むことをいいます。実際に天体が逆方向に動いているわけではありません。**地球から見ると、反対方向に移動しているように見えるのが、天体の「逆行」です。**

順行していないので、エネルギーがうまく稼働しなくなっている、もしくは停滞、逆流しているように感じます。そのため、**この時期に物事が滞ることがよくあります。**

そうしたエネルギーの影響から、私たち自身の意識も先にある未来よりは、過去に目が向きやすくなったりすることがあります。
たとえば、昔失敗したことを思い出して落ち込んでしまうことも。でもそれはもう、そうなってしまう星回りのときだと思えば、少しは気が晴れてきませんか。

それぞれ逆行するタイミングや期間は、次のようになっています。

水星は、約4か月ごとに、約3週間。公転周期は88日。
金星は、1年7か月ごとに、期間は6週間。公転周期は225日。
火星は、2年ごとに、期間は2か月2週間ほど。公転周期は688日。
木星は、1年ごとに、期間は4か月ほど。公転周期は12年。
土星は、1年ごとに、期間は4か月2週間ほど。公転周期は29・5年。
天王星は、1年ごとに、期間は5か月ほど。公転周期は84年。
海王星は、1年ごとに、期間は5か月ほど。公転周期は165年。
冥王星は、1年ごとに、期間は5か月ほど。公転周期は248年。

それぞれの惑星によって、何に影響があるか変わってきます。

水星は、知性、知識、コミュニケーション、移動、思考。
金星は、美と豊かさ、お金、恋愛、官能。
火星は、行動、怒り、争い。
木星は、拡大と成長、増える、殖やす、幸運、信頼。
土星は、課題と問題、ルール、社会の枠、制約。
天王星は、イノベーション、革命。
海王星は、インスピレーション、潜在性。
冥王星は、死と生。

この中でも、私たちの日常に影響力が強いのが水星と金星、火星です。
これから水星と金星に絞って、これらの天体が逆行すると、何が起こるのか、この時期にどういう読書がおすすめか、くわしくお話ししていきましょう。

水星逆行のときは挫折した本に再チャレンジ

水星は知性の星。主に知性、知識、コミュニケーション、移動、思考を司《つかさど》っています。そのため**水星逆行のタイミングには、情報伝達やコミュニケーション、交通などに関することでトラブルが起きやすくなります。**

また現代は、半導体やパソコンといった電子機器など、知性を象徴する製品も多いため、水星逆行中には、**電波が通じないという障害も起きやすくなります。**

以前私は、この水星逆行のエネルギーを信じていない時期がありました。しかし、水星逆行で痛い目に何度もあったため、いまでは意識するようになりました。

たとえば、こんなことがありました。

それまで、とても良好な関係にあった事業者と大型の案件を進めていたところ、逆行中にお互いの発言がきっかけで、仲たがいとなったことがありました。相手からの一方的な縁切りで、私からすると理不尽かつ不義理というべき出来事でした。
当初はいったい何が起こったのかわからなかったのですが、数か月過ぎたときに、**振り返ってみると「ああ、水星逆行だったのか」と気づきました。**その事業者に多額の労力とお金も注入していたため、多額の損失を出してしまいました。

振り返ると、**水星逆行中の発言は良かれと思ったものが、相手にとっては悪い発言につながってしまったり、**たとえ、その場は済まされたとしても、水星逆行が明けた後で、トラブルにつながっていることに気づきました。

水星はコミュニケーションの星でもあるので、発言する言葉にも注意しなければいけなかったのです。

仕事でもプライベートでも、似たような失敗を何度か繰り返してきてしまいました。いままでは、クライアントには水星逆行の理解のもと、お互いに、傷つくような発言や、コミュニケーションのズレが起こっても、**「水星逆行のせい」**として、逆行が明けるまでいったん距離を取る体制にしました。おかげで何か起こっても、以前よりはるかに良好な関係を続けやすくなりました。

ここまで読んだあなたは、逆行は危ない、危険、怖いと思ったかもしれません。ただ、水星逆行だからといって、悪いことばかりではありません。

逆行は、「再」のエネルギーを持っています。この「再」のエネルギーを活用すると、良い方向に向かいます。

水星逆行は、コミュニケーションや知性に「再（Re）」のエネルギーが加わります。「再会」や「再縁」「再チャレンジ」「再スタート」「学び直し」「読み直し」「復習」するのに向いているタイミングなのです。

そのため、水星逆行期間中は、何か月、何年も連絡を取っていない古い友人から、不思議と連絡がきたり、街で偶然バッタリ再会したりすることもあります。

この水星逆行のエネルギーを利用して、本を読み直しましょう。

過去に読んだ本や、**読みかけのままになっている本、挫折した本を再び手に取ってみることがおすすめ。**

ジャンルとしては、水星は人間関係や知性を表しているので、**コミュニケーションの本や思考系の本からより良い影響を受けられるはず。**

私が読み直しているのは、ジム・コリンズの「ビジョナリー・カンパニー」シリーズや、ジェームズ・アレンの『**「原因」と「結果」の法則**』、稲盛和夫氏の『**生き方**』など、自分自身の**人生の哲学や自分の軸に立ち返れる本**を意図して読んでいます。

人間関係の本だと、エドガー・H・シャインの『**人を助けるとはどういうことか**』『**謙虚なコンサルティング**』を読んで、人間関係の距離感を〝再調整〟しています。

私はおせっかいな性格で、ついつい人の人生に前のめりになって深く関わろうとしてしまい失敗することが多く、このタイミングで本を読んでは自省しています。

水星は情報を司っているので、再チャレンジした本で知りたかった情報を手に入れたり、忘れていた大切なことを思い出せたりすることもあります。

また、水星が正常に動いていないため、普段思いつかないようなアイデアや発想、やりたいことが見つかることもあります。

そうして、思いついてやりたいことや、再チャレンジしたいことのスタートは、軽く手をつけるぐらいにとどめて、逆行明けに本格的に行うといいでしょう。

金星逆行のときは愛、富、そして美に関する本

金星は、愛と富、美を司る星。

金星逆行中には、恋愛やパートナーシップ、支払いや投資などお金に関することに、問題が起きやすくなります。

愛のパワーが大きく関わってくるため、**家族や友人、恋人、親しい人との人間関係にトラブルが起こりやすくなることも。**

特に恋愛では、恋人との間に何か問題が起こったりすることも。順調に進んでいた結婚話が滞るなどといったこともあるかもしれません。

また、金銭関係の新たなスタートにも向いていません。**支払いが遅れる、売り上げが伸び悩む、未入金が発生するなど、金銭の取引で注意が必要な時期です。**

この時期、気持ちが高ぶって浪費しがちにもなるので、普段なら気にならないアイテムがほしくなってついつい衝動買いしたり、よく考えずに投資したり、といったことも起こりやすくなります。財布をなくすといった、ほんのささいな失敗もありがちですから、注意して過ごしましょう。

もちろん、水星逆行と同様に、金星逆行の「再（Ｒｅ）」のメリットもあります。逆行中、意識が過去に向きやすいため、金星逆行のタイミングは、**「復縁」を狙っている人にとってチャンスです。**

久々に連絡を取ってみる、昔よくいっていたお店に行くなど、アクションを起こすと、金星逆行の後押しもしてもらえるはずです。

他にも、友人に貸したお金が返ってきたり、なくしたと思っていた高額なものが思いがけず出てきたりすることもあるでしょう。

金星逆行中の読書術としては、水星逆行中と同じで、特定の新しい本を読むというより、これまでに読んできた本を読み直すことをおすすめします。

金星は愛、富、そして美などを象徴しているので、過去にこれらのジャンルで読んできたものを振り返ってみましょう。

もちろん新たにこのジャンルを「星のビブリオ読書術」でお願いごとを立てながら読むのもいいでしょう。その場合、おすすめなのは次の本です。

チャック・スペザーノの『**傷つくならば、それは「愛」ではない**』は、恋愛やパートナーシップで悩んでいることを思い浮かべつつ、「パラパラッとしてパカッと開く」と、365のメッセージから、いまあなたの確認すべきヒントが現れます。

パートナーシップを学ぶには、ジョン・グレイの『**ベスト・パートナーになるために**』や『**男は火星人 女は金星人**』などが、おすすめです。

お金の本なら、ボード・シェーファーの『**イヌが教えるお金持ちになるための知恵**』、ウォーレン・バフェットの師匠のベンジャミン・グレアムの『**賢明なる投資家**』、デビッド・クルーガーの『**お金のシークレット**』、本田健氏の『**お金のIQ　お金のEQ**』、本多静六氏の『**私の財産告白**』が不朽の名作として挙げられます。

ここまで、水星と金星の逆行についてお話ししてきました。

他にも、「火星逆行」は、行動が滞り、進まないとき、行動の見直しが必要な時期。「木星逆行」は、成長が緩やかになり、停滞するため、リラックスし一時休止する時期。「土星逆行」は、ずっと避けてきた課題、いま取り組まないといけない課題が表面化する時期など、各惑星の逆行にそれぞれ意味があります。

いずれにしても、逆行中は「物事が思い通りに進まない」「遅れる」「後戻りする」ことが起きやすい時期になります。

だからこそ、ゆっくり時間を取って読書しましょう。また**水星の逆行中は電車が遅れることも多いので、読めていなかった本を鞄《かばん》に入れておくなど準備をしたいものです。**

逆行中は、次に進むための準備期間。

自分の価値観や人間関係を振り返るための好機と捉えて、逆行をうまく活用していきましょう。

そして、何かネガティブなことが起こっても**「全部、星の逆行のせい」という気持**

ちで切り替えましょう。

第5章

星が教えてくれる未来の読書

星が教えてくれる未来の出来事

占星術で未来を見る――。

こんなふうにお話しすると、非科学的だと思われるかもしれません。ただ、前章の最初にもお話ししたように、惑星の動きによって私たちは影響を受けます。

太陽の黒点の動きによって地球の気温が変動します。

地球の温度は下がり氷期となれば、作物が不作となり、農産物の不足や価格高騰が起こります。これまでの歴史上、大規模な不作は戦争を引き起こす引き金にもなってきました。

そして戦争が起これば、勝つための兵器開発によってイノベーションが始まります。

この技術革新が、皮肉にも人類の進化を促すことにもつながってきました。

黒点の変化は、約11年周期で中長期的には約50年で大きな変動があります。**ロシアの経済学者、コンドラチェフは、経済の変動と比べ、約50年周期で景気循環する「長期波動説」を提唱しました。**

この考えを世に広めたのは、イノベーションの父、経済学者、ヨーゼフ・シュンペーター。そして、シュンペーターの理論を通し、さらに一般に広めた人物こそ、マネジメントの父、ピータ・ドラッカーです。

このサイクルは、**「コンドラチェフ・サイクル」**といわれ、経済予測をする際、基本の考えのひとつとされています。

私がコンサルをする際には、**占星術で見るだけでなく、このコンドラチェフ・サイクルの概念も取り入れて、未来予測をしています。**

太陽の黒点、占星術での10の天体……太陽、月、水星、金星、火星、木星、土星、天王星、海王星、冥王星の動きを見て、これから起こる未来予測をしています。

コンドラチェフ・サイクルも占星術も、アプローチのやり方は違えど、どちらも最終的に「太陽系の中の地球にいる私たち」を見ているので、その2つに共通する点である「周期」は必ずあります。

この章ではこれから、**私が読み解いた未来予測と、そんな未来に備えてどういう本を読むといいのか**をお話ししていきます。

木星と土星が重なるとき、何が起こるのか？

ここ数年、占星術の世界で話題になったことがあります。

２０２０年12月22日に、木星と土星が会合する「グレート・コンジャンクション」が起こりました。

木星の公転周期は12年。土星は29・5年。周期比は約2対5となり、**20年に一度、地球から重なって見えます。このことをコンジャンクションと呼びます。**

木星と土星の会合は、時代の転換点を表すため「グレート・コンジャンクション」というのです。**コンジャンクションのときは宇宙全体が、非常にパワフルなエネル**

ギーに包まれます。

さらに、この2020年のグレート・コンジャンクションでは、これまで200年続いてきた**「土の時代」から「風の時代」へと大きく舵《かじ》を切る「グレート・ミューテーション」**が起こりました。

ご存じの人も多いでしょうが、「土の時代」とは、物質や財といったお金、地位など、形あるものが重んじられる時代。**次の「風の時代」は、自由、情報、共有、体験など、目に見えない豊かさがキーワードになってきます。**

重要視されてきた価値観が、物質的な「もの」だった時代から、「心」へと移ることで、私たちの生活もゆっくりとですが変化していくでしょう。まさに、旧時代の崩壊から、新時代への移行です。

ひとつ前の「風の時代」は、日本で鎌倉時代にあたるタイミングでした。

1186年から風の時代が始まったのでちょうど「武家社会」の本格的到来のタイミングでした。そして、この「風の時代」は室町時代の前半まで続いています。ご興味のある人は、この時代何があったか調べてみるといろいろわかるかと思います。

前回の「風の時代」を鑑みるに、２０２０年12月末から始まった、新たな「風の時代」も、世の中が大きく変わっていくことが予想できます。

たとえば、次のようなことが生じてくるでしょう。

・所有権の移行
・これまでの権力体制の崩壊、社会体制のシフト
・新たな生き方、思想体験の変化
・個人の発信が後世へと影響を残す

奇《く》しくも２０２２年のＮＨＫ大河ドラマは、ひとつ前の「風の時代」の時代が舞台の『鎌倉殿の13人』でした。

新しい「風の時代」を知る上でも、公家社会から武家社会の移行を描いた本や、荘園世界、鎌倉時代の成立の変遷を調べることで、新しい風の時代を感じられるかもしれません。

時代の転換ポイント　２０２４年と２０３３年に何が起こるのか？

現にコロナ禍によって、急速にオンライン化が進んだこの数年。

私たちはすでに、否《いや》が応でもこれまでと同じではいられない、変わらざるを得ないという経験をしました。すでに「風の時代」に突入し、大きな変容が始まっていることを実感しているはずです。

ですが、**本当の意味で「風の時代」が始まるのは２０２３年３月からです。**

この年に冥王星が15年ぶりに星座を移動します。変容を司《つかさど》る冥王星が、山羊《やぎ》座から「風の星座」である水瓶《みずがめ》座に切り替わるときなのです。

２０２３年の春分を過ぎた３月23日～６月14日まで一時的に水瓶座入りし、その後逆行をして、山羊座に戻った後、**２０２４年１月21日から２０４３年３月７日まで水瓶座に入ります。**

冥王星の公転周期は２４８年。前回、冥王星が水瓶座に滞在したのは１７７８年〜１７９８年になります。

この時期といえば、フランス革命が起こったのが１７８９年。

中国・清朝では、１７９６年に仏教系秘密結社白蓮教徒に率いられた農民反乱が起き、鎮圧はできたものの９年に及ぶ戦いは、清朝の衰退へとつながりました。

日本でも、江戸時代天明の飢饉《ききん》が生じ、一揆《いっき》が起きるなど、江戸幕府体制の崩壊へとつながっていきました。

水瓶座は、最先端、新しい時代を意味するため、冥王星が水瓶座入りすることにより、新たな時代の転換ポイントとなるのです。

そして、2033年には、冥王星と木星が水瓶座でコンジャンクションします。

この２０３３年は、伊勢神宮《いせじんぐう》の式年遷宮を迎える年。

もしかしたら、平成から令和にかけて行われたように、今上天皇が譲位を行い、元号が変わる節目になるかもしれません。

これまでの資本主義は、前回の水瓶座時代に作られたモデル。

そのため、冥王星が一周することにより、**資本主義という経済システムから、次のシステムへの移行がなされるかもしれません。**

誰もが「生き方」を模索している時代のベストセラー

現代の日本の歴史は、１９４５年の敗戦した年からスタートしています。

敗戦となり、そこからどうやってこれからの時代を生きていけばいいのか、みんな「生き方」に困っていました。

そのときのベストセラーである西田幾多郎氏の『善の研究』をはじめ、哲学書からその答えを求めようとしました。


生き方に迷うとき、私たちは本に活路を見いだします。

東日本大震災が起こった後は、岸見一郎氏・古賀史健氏の『**嫌われる勇気**』や近藤麻理恵氏の『**人生がときめく片づけの魔法**』といった本がベストセラーになりました。

同様に、コロナ禍を経てこれまでの常識がいったん覆され、先行き不透明ないま、どうやって生きていけばいいのか、立ち止まり進めなくなっている人も多いのではないでしょうか。実際、コロナ禍が少し落ち着いてきた頃のベストセラーを見てみると、人生哲学の本が急激に伸びていました。

2022〜2023年のベストセラーに、オリバー・バークマンの『**限りある時間の使い方**』があります。この本は、単に時間術ノウハウではなく、考え方、生き方をどうするのかといった内容です。

これからの10年「未来のシナリオ」が大事

この本を書いているのは2023年です。この10年後はお話ししたように時代の転換期の2033年。これからの10年、私たちが取り組んでおきたいことをお話ししましょう。

そのために大事なことは、「ビジョン」を持っておくこと。

これからの10年の「未来のシナリオ」を準備しましょう。

2023年以降の星の動きを見てみても、「未来シナリオ」を描いておくことが「良い」と出ています。

「未来シナリオ」を描くというのは、10年後にどんな自分になっていたいのか、「自分のプロフィールを考えておくこと」です。

いまの年齢にプラス10歳したときに、どのような状態になっていたら自分が満たされていて、豊かで幸せを感じられるのでしょう。

まずは自分が、現状の道を進んでいった場合のベストバージョンでは、どんな状態になっているのか考えてみてください。また、いま副業をやっていたり、何か趣味があったりする方は、本業ではない別の道を進んでいった場合のベストバージョンを考えてみてください。

未来のシナリオは、いくつもあってもかまいません。

自由に想像の羽を広げて、このパターンならこう、こちらに進んだらこうと、何種類かのプロフィールを作ってみるのもいいでしょう。

どれが実際に実現するかはわかりませんし、実現するのがひとつだけとも限りません。2つのパターンを考えてみて、**もしかしたら、ひとつかなえた後にもう一方をかなえることもあるかもしれません。**

いま、宇宙に自分の意思をしっかりと表明しておくことが重要になってきます。

30歳以降からは生まれ星座の「次の星座」を参考にしよう

プラス10歳のプロフィールを考えるときに参考にしたいのが、生まれ持った星座に加えて、いまのあなたが持つ星座のエネルギーです。

生まれ持ったエネルギーの基本は、出生図（ネイタルチャート）で決まります。

しかし、あなたが生まれてから、時が経《た》つうちに、成長していくように、ホロスコープも少しずつ移動していきます。

やがて、**30年、40年と時が過ぎる中で、あなた自身の太陽星座も移動して、次の星座のエネルギーを身につけていきます。**

これは、「プログレス占星術」でいわれている考え方で、プログレスを直訳すれば、「進行、前進」となります。

生まれたときの出生図をベースに、ホロスコープを規則的に進行させることで、その人の状況の変化や様子を読み取り、未来予測をするときに役立ちます。

「プログレス占星術」では、「一日一年法」というルールを基本的に用います。

その名前の通り、出生図上の「1日」後は、現実の時間の「1年」後を意味するという考え方です。そのため、ひとつの星座は30度ですので、1年に約1度、太陽星座は移動する考えになります。

くわしい説明をここでは省きますが、**生まれて30年経てば、元々の星座エネルギーに次の星座のエネルギーも加わり、2つの星座をまたいでいることになります。**

たとえば、あなたが12月3日生まれの射手座だとしたら、射手座が始まる11月23日を1番目として、12月3日は11番目の射手座です。

今年40歳になるとしたら、11番目の射手座から40個先に進み、次の星座の山羊座の21番目まで進みます。そのため、元々の射手座のエネルギーに加え、次の星座である山羊座の傾向も加わっているということになります。

射手座の本来の、「好きなものにハマる」「旅行好き」という傾向に、20歳ぐらいか

ら、「忠実に物事を進めていく」山羊座のエネルギーが備わることになります。

このような射手座の人は、幼い頃よりも大人になってから、目標を見据えて行動するようになると思われます。

どうしても、星占い、誕生日占い系のものは、誕生したときの星座しか見ません。だから、大人になってから、なんだか自分に合わなくなったという人もいるでしょう。もしくは、次の星座の期間に近い日に生まれた人は、そもそも合わないと感じていたかもしれません。

そういう人は、自分の生まれたときの太陽星座の次の星座を見ると、しっくりくるというのがあります。さらには、ひとつの星座は30度ずつあるため、歳を重ねたら、次の次の星座を見るようにすると、しっくりくるかもしれません。

第2章にある自分の星座の「次」に来る星座の強みや傾向を参考にして、10年後のプロフィール作りをしてみてください。

年齢に合わせて、星座のページを読んでそこにある特徴を知ってください。また、紹介されている本を読んで、10年後のプロフィール作りのヒントにするのもいいでしょう。その星座のエネルギーと共鳴することで、思いもしない着想を得て、発想が広がることもあるはずです。

未来の運命の本に出会うコツは、ワクワクリスト作り

10年後のプロフィール作りでは、どんな自分になっていたいか、具体的なシーンを想像することがポイントです。未来の自分を思い浮かべるのが難しいという方は、「ワクワク」することを思い浮かべてください。

未来や将来など関係なく、「ワクワク」すること、やりたいと思うこと。

あなたには、充分なお金もあって、知識も才能もあって、応援してくれる仲間もいる。やりたいことをやるための時間も、たっぷりある。

もしいまそんな状態にあったら、何がしてみたいですか?

・リゾート地に行きたい
・映画を見に行きたい
・人間関係を良好にしたい
・良い習慣を身につけたい
・ラグジュアリーなホテルに泊まりたい
・筋肉をつけて、健康的なスタイルになりたい
・音響にこだわった空間で音楽を聴きたい
・上質なデスク、椅子で仕事をしたい

思いつくまま、なんでも挙げてみてください。そして、リストが完成したら、**その「ワクワク」に関連していそうな本を探してみるのです。**

例に挙げた「リゾート地に行きたい」なら、旅行コーナーで本を探してみる、「映画を見に行きたい」なら、映画の原作本を手に取ってみる、など。「ワクワク」の内容が具体的なほど、「運命の本」と出会える確率は上がっていきます。

「リゾート地」と漠然としたイメージよりも、「ハワイ」なのか「バリ島」なのか、それとも「沖縄」なのか、自分がパッと思い浮かべるリゾート地はどこなのか、具体的に考えてみてください。

書店の旅行の棚も、よく見れば細かくジャンル分けがされています。**具体的に考えることで、手に取る本が変わり、あなたの未来も変わるのです。**

未来を読み解くにはいまのベストセラーで時流に乗る

ここまで、激動のこれからの10年のために「未来のシナリオ」を作ることをお話ししてきました。

過去を紐解《ひもと》き、未来に備えることも大事ですが、一番簡単な方法は**そのときの宇宙のタイミングに合った本を手に取ることが、運命を切り開くポイント**になるということ。

時流に乗れば、運が勝手に開いていくのです。
そうすれば、自《おの》ずと未来は開けていきます。

そのためにおすすめしたいのは、ベストセラーを読むことです。

なぜ、その本がベストセラーになっているかというと、作家の持つエネルギーと、いまの時代のエネルギーが見事に合わさって共鳴しているから。

ベストセラーは、たくさんの人を引きつけるエネルギーを持っているから、売れているというのが何よりの証拠です。また、ベストセラーは自分の仮説や直感の確認になります。

読んだ本に刺激を受けて、行動が変わることや、新たな行動を起こしたくなることもあるでしょう。

その行動がベストセラーからヒントを得たものだったりすると、時流とマッチして、想像を超えたところへ運んでもらえるかもしれません。

時流を見極めることができれば、未来に奇跡を起こすことも可能です。

そんな強いエネルギーを秘めているのが、ベストセラーなのです。

3か月半から半年先を見据えて動く人が成功する

その年の「大河ドラマ」のテーマも、時流をよく表しています。

書店には毎年、大河ドラマに関連する書籍も多く並びます。

大河ドラマのコーナーには、ドラマをより楽しむためのガイド本の他、『鎌倉殿の13人』の放映のタイミングでは、鎌倉幕府を開いた源頼朝についてや、北条氏による執権政治に関連する歴史書が置かれていました。

これらの本もベストセラー並みに時流を表しています。

ちなみに、『鎌倉殿の13人』は世代交代や、事業継承というテーマが根底にありました。

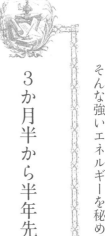

放送されていた2022年前半、**星座の配置的にも、世代交代や組織が崩壊する危険性の暗示があったタイミング。**さらに、「みんなが意見を言いやすい」タイミングでもありました。

そのため、私がコンサルをしているクライアントの企業では、社員からクレームが寄せられている状況が多く見られました。

その対策として、当時「クレームにどのように対応していますか」「いまは世代交代の波が来ているタイミングですが、大丈夫ですか」とフォローをしていました。

勘のいい社長はすでに社内からのクレームに対して冷静に対応し、事無きを得ていました。また、別のクライアントの社長は、ちょうど世代交代の準備に取りかかっているといったこともありました。

伸びている会社の経営者ほど、やはり時流を読む、時代を少し先取りするということを上手《じょうず》にされている印象があります。

時代の先取りが早すぎていてもダメで、3か月半から半年先を見据えて動くことができる人は、うまくいっています。

ちなみに、２０２３年の大河ドラマは、徳川家康の生涯を描く『どうする家康』です。２６０年余り続いた江戸幕府の礎を築く人物であるため、「地固め」の印象があります。

奇しくも、幸運の星ともいわれる木星が本格的に12年サイクルの始まりとなる星座・牡羊座《おひつじ》に入り、**２０２３年5月17日から、「地固め」の牡牛座に入ります。**

新たな12年の幕開けとなる２０２２年、２０２３年。この時期をどのように過ごすかで、今後12年の命運が決まります。

これから先の12年をどんなふうに生きていきたいのかイメージすることが、２０２３年には求められていると私は読んでいます。新たなサイクルのための「地固め」ですね。

このように、時流に乗る、時代を先取りする情報として、ベストセラーのタイトルの他、テレビドラマの傾向や、雑誌の表紙を飾る時事ネタをチェックしておくのもいいでしょう。

波に飲まれるのではなく、波に乗る。

意識を向けておくだけで、入ってくる情報は増え、現実の受け止め方も変わってくるのです。

この「波に乗る」は、運の波に乗ることにつながります。

運は巡り合わせです。

本も、あなたの元に巡ってきたものですよね。

巡ってきた本で運は上がり、運命も変わります。ビビッときた本を手に取り、「お願いごと」を立て、パラパラ、パカッと本を開く。そうして、目に飛び込んできた言葉や文章を基に実行してみてください。それで、運命は変わっていきます。

本は信念を作り、思考を変えてくれます。

読んでいるうちに言葉が変わって、行動が変わります。

行動が変われば、人格も変わって、運命も変わります。

「運命の本」は、あなたのすぐそばにあるのです。

EPILOGUE

星と本がともにある人生を

前を向いて生きていくための読書

日々続く日常の中、時には嫌なこと、悲しいこと、受け入れたくないことがあります。そんな現実を忘れたくて、私たちは本を読むことがあります。

だけど、そのときあなたに寄り添ってくれる本は、現実を忘れるためのものではなく、前を向き、進み、生きていくための糧になってくれます。

そして、**何度読んでも泣ける、何度読んでもワクワクする、何度読んでも元気になれる。**そんな本が、「運命の本」なのでしょう。

運命の本に出会うと、星の後押しを受けて人生が突き動かされていきます。

太陽の自己表現、月の感情、水星の知性、火星の行動、金星の美と恋愛、木星の拡大と成長を高めるエネルギーに呼応し、後押しをしてくれています。

本には、人間の深層心理と宇宙とのチャンネルを開くためのプログラムが組み込まれています。おみくじのような感覚で、ただ、手に取った本をパラパラ、パカッとさせるだけの読書でも、電磁波、音波、光点滅の組み合わせと同じように、人の脳と心臓は影響を受けてしまうのです。それは、まるで、人というロボットを動かすリモコンのように。

天体の配置という周波数だけでなく、本という周波数が加わることにより、私たちの行動が変わり、現実は変化してしまうのです。これまでいた日常と、明らかに異なる日常に、です。

いろいろな巡り合わせと、タイミングが合うようになって、人生が変わってきたときに、**「ああ、あの本が運命の本だったんだ」**と気づくかもしれません。

すでにその本にあなたは出会っているかもしれませんし、その本とあなたはこれから出会うのかもしれません。

ただ、もう、その本はあなたのすぐそばにあることは間違いないようです。

星と本はどんなときも私たちのそばにある

この本のPrologueで「本には神さまが宿っている」とお伝えしたのを覚えていますか？

それを感じずにはいられないある詩があります。大学時代、出会った詩です。

ある夜、わたしは夢を見た。
わたしは、主とともに、なぎさを歩いていた。
暗い夜空に、これまでのわたしの人生が映し出された。
どの光景にも、砂の上にふたりのあしあとが残されていた。
ひとつはわたしのあしあと、もう一つは主のあしあとであった。
これまでの人生の最後の光景が映し出されたとき、
わたしは、砂の上のあしあとに目を留めた。

そこには一つのあしあとしかなかった。
わたしの人生でいちばんつらく、悲しい時だった。
このことがいつもわたしの心を乱していたので、
わたしはその悩みについて主にお尋ねした。
「主よ。わたしがあなたに従うと決心したとき、
あなたは、すべての道において、わたしとともに歩み、
わたしと語り合ってくださると約束されました。
それなのに、わたしの人生のいちばんつらい時、
ひとりのあしあとしかなかったのです。
いちばんあなたを必要としたときに、
あなたが、なぜ、わたしを捨てられたのか、
わたしにはわかりません。」
主は、ささやかれた。
「わたしの大切な子よ。
わたしは、あなたを愛している。あなたを決して捨てたりはしない。

ましてや、苦しみや試みの時に。
あしあとがひとつだったとき、
わたしはあなたを背負って歩いていた。」

これは、マーガレット・F・パワーズの作った「あしあと」という詩。

この詩に出てくる主とわたしの関係は、まるで本と私の関係。そして、星と私の関係だなと思ったのです。

つらいこと、悲しいことがあったとき、私たちは、世界にたったひとり取り残されたように感じて、感情的に、絶望してしまうこともあります。


でも**星と本は、いつでも私たちのそばにあり、助けとなる言葉や、幸せになるためのヒントを用意してくれているのです。**

私たちが求めさえすれば、星と本は与えてくれるのです。

すでにそこにあることに気づくだけでいいのです。

あなたが求めるほどに、そのメッセージを受け取れるようになっていきます。

はじめは、漠然としてわかりにくいメッセージかもしれません。ですが、受け取ろうと意図するほどに、その純度は上がっていきます。

純度が上がれば、届いたメッセージの理解も早く深くなります。その分、運気も上がって、タイミングが良くなり、人生はより良い方へと加速していきます。

あなたに星と本の加護がありますように

あなたがこの本を手にしたことも、ひとつのメッセージであり、ひとつの点。

人生は、出会う無数の点によって、形作られます。

ぜひこの点をつなぐべく、「星のビブリオ占い」をあなたの人生にいかしてください。あなたが星と本とともに、これからも幸せな人生を送れるよう、祈っております。

最後に、この本を編集してくださった金子尚美編集長に感謝いたします。

また、この本の執筆にあたって、サポートしてくださった、江角悠子さん、鈴木彰子さん、栗原維摩さん、オンラインサロンの仲間たち、秘密の手帳コミュニティのメンバー、スッピーズの宮殿の皆さまに、心より感謝しております。
そして、数ある本の中からこの本を手に取ってくださったあなたに、感謝いたします。

本のない日常から、本のある日常へ。
星のない日常から、星のある日常へ。

本を手にするすべての人々に、本の加護に加えて、星の加護が得られますように。

星尾夜見

『あしあと』(マーガレット・F・パワーズ 著、松代恵美 翻訳／太平洋放送協会)

『ビジョナリー・カンパニー』(ジム・コリンズ、ジェリー・ポラス 著、山岡洋一 翻訳 ／日経BP)
『ゼロ・トゥ・ワン』(ピーター・ティール、ブレイク・マスターズ 著、関美和 翻訳／ NHK出版)
『スーパーインテリジェンス』(ニック・ボストロム 著、倉骨彰 翻訳／日本経済新聞出版社)
『一流デザイナーになるまで』(クリスチャン・ディオール 著、上田安子、穴山昂子 翻訳／ 牧歌舎)
『仮面ライダー 石ノ森章太郎デジタル大全』全３巻(石ノ森章太郎 著／講談社)
『サイボーグ009 石ノ森章太郎デジタル大全』全27巻(石ノ森章太郎 著／講談社)
『【愛蔵版】新世紀エヴァンゲリオン』全７巻(貞本義行 著、カラー 原作／ KADOKAWA)
『ファイブスター物語』17巻－(永野護 著／ KADOKAWA)
『ヤマタイカ』全５巻(星野之宣 著／潮出版社)
『小説　君の名は。』(新海誠 著／ KADOKAWA)
『小説　天気の子』(新海誠 著／ KADOKAWA)
『ブッダ』全12巻(手塚治虫 著／潮出版社)
『月の影 影の海 (上) 十二国記 1』(小野不由美 著／新潮社)
『無職転生 異世界行ったら本気だす』(理不尽な孫の手 著／ KADOKAWA)
『BECK』全34巻(ハロルド作石 著／講談社)
『NANA』21巻－(矢沢あい 著／集英社)
『かがみの孤城』(辻村深月 著／ポプラ社)
『[魂の目的]ソウルナビゲーション』(ダン・ミルマン 著、東川恭子 翻訳／徳間書店)
『銃夢Last Order NEW EDITION』全12巻(木城ゆきと 著／講談社)
『La MEGA boîte à outils du Digital en entreprise』(Catherine Lejealle 著／ Dunod)
『DIGITAL MARKETING INSIGHT 2018』(Social Beat Digital Marketing Llp 著／ Notion Press, Inc)
『きっと、よくなる！』(本田健 著／サンマーク出版)
『非常識な成功法則』(神田昌典 著／フォレスト出版)
『孔丘』(宮城谷昌光 著／文藝春秋)
『チンギス紀』16巻－(北方謙三 著／集英社)
『HUNTER×HUNTER』37巻－(冨樫義博 著／集英社)
『幽★遊★白書』全19巻(冨樫義博 著／集英社)
『夜と霧　新版』(ヴィクトール・E・フランクル 著、池田香代子 翻訳／みすず書房)
『「原因」と「結果」の法則』(ジェームズ・アレン 著、坂本貢一 翻訳／サンマーク出版)
『人を助けるとはどういうことか』(エドガー・H・シャイン 著、金井壽宏 監訳、金井真弓 翻訳／英治出版)
『謙虚なコンサルティング』(エドガー・H・シャイン 著、金井壽宏 監訳、野津智子 翻訳／英治出版)
『男は火星人 女は金星人』(ジョン・グレイ 著、遠藤由香里、倉田真木 翻訳／ソニー・マガジンズ)
『イヌが教えるお金持ちになるための知恵』(ボード・シェーファー 著、瀬野文教 翻訳／草思社)
『お金のシークレット』(デビッド・クルーガー 著、神田昌典 翻訳／三笠書房)
『お金のIQ　お金のEQ』(本田健 著／サンマーク出版)
『私の財産告白』(本多静六 著／実業之日本社)
『善の研究』(西田幾多郎著／岩波書店)
『嫌われる勇気』(岸見一郎、古賀史健 著／ダイヤモンド社)
『人生がときめく片づけの魔法』(近藤麻理恵 著／サンマーク出版)
『限りある時間の使い方』(オリバー・バークマン 著、高橋璃子 翻訳／かんき出版)

なみ》著／ディスカヴァー・トゥエンティワン)
『神崎恵のPrivate Beauty Book』(神崎恵 著／大和書房)
『運命の絵 もう逃れられない』(中野京子 著／文藝春秋)
『第三の波』(アルビン・トフラー 著、徳岡孝夫 翻訳／中央公論新社)
『富の未来』上下巻(アルビン・トフラー、ハイジ・トフラー 著、山岡洋一 翻訳／講談社)
『大局観』(羽生善治 著／ KADOKAWA)
『ザ・シークレット』(ロンダ・バーン 著、山川紘矢、山川亜希子、佐野美代子 翻訳／
KADOKAWA)
『聖書』(日本聖書協会 著・監修・編集・翻訳／日本聖書協会)
『古事記』(倉野憲司 校注／岩波書店)
『聖なる予言』(ジェームズ・レッドフィールド 著、山川紘矢 、山川亜希子 翻訳／ KADOKAWA)
『22を超えてゆけ』(辻麻里子 著／ナチュラルスピリット)
『思考は現実化する』上下巻(ナポレオン・ヒル 著、田中孝顕 翻訳／きこ書房)
『火の鳥　手塚治虫文庫全集』全11巻(手塚治虫 著／講談社)
『ブラック・ジャック』全25巻(手塚治虫 著／秋田書店)
『ゴルゴ13』207巻－(さいとう・たかを 著／リイド社)
『犯人に告ぐ』(雫井脩介 著／双葉社)
『検察側の罪人』(雫井脩介 著／文藝春秋)
『30日で英語が話せるマルチリンガルメソッド』(新条正恵 著／かんき出版)
『14歳からの哲学』(池田晶子 著／トランスビュー)
『増補改訂　アースダイバー』(中沢新一 著／講談社)
『るるぶ』(JTBパブリッシング 旅行ガイドブック編集部／ JTBパブリッシング)
『じゃらん』(リクルート 編／リクルート)
『ことりっぷ』(昭文社 旅行ガイドブック編集部／昭文社)
『まっぷる』(昭文社 旅行ガイドブック編集部／昭文社)
『地球の歩き方』(地球の歩き方編集室／学研プラス)
『蒼穹の昴』全4巻(浅田次郎 著／講談社)
『夢をかなえるゾウ』(水野敬也 著／文響社)
『トム・ソーヤーの冒険』(マーク・トウェイン 著、柴田元幸 翻訳／新潮社)
『ドラえもん』全45巻(藤子・F・不二雄 著／小学館)
『賭博黙示録　カイジ』全13巻(福本伸行 著／講談社)
『岩田さん』(ほぼ日刊イトイ新聞 著／ほぼ日)
『小説　伊尹伝　天空の舟』上下巻(宮城谷昌光 著／文藝春秋)
『太公望』上中下巻(宮城谷昌光 著／文藝春秋)
『管仲』上下巻(宮城谷昌光 著／ KADOKAWA)
『晏子』全4巻(宮城谷昌光 著／新潮社)
『孟嘗君』全5巻(宮城谷昌光 著／講談社)
『論語』(金谷治 訳注／岩波書店)
『ONE PIECE』 105巻－(尾田栄一郎 著／集英社)
『Happy!』全23巻(浦沢直樹 著／小学館)
『20世紀少年』全22巻(浦沢直樹 著／小学館)
『文章読本』(三島由紀夫 著／中央公論新社)
『夢を見るために毎朝僕は目覚めるのです』(村上春樹 著／文藝春秋)
『生き方』(稲盛和夫 著／サンマーク出版)

『人を動かす』(デール・カーネギー 著、山口博 翻訳／創元社)
『あなたの会社が90日で儲かる』(神田昌典 著／フォレスト出版)
『成功者の告白』(神田昌典 著／講談社)
『売れるコピーライティング単語帖』(神田昌典、衣田順一 著／ SBクリエイティブ)
『アキラとあきら』(池井戸潤 著／集英社)
『名探偵コナン』103巻－(青山剛昌 著／小学館)
『サンクチュアリ』全12巻(池上遼一 作画、史村翔 原作／小学館)
『ジョジョの奇妙な冒険』全6巻(荒木飛呂彦 著／集英社)
『新装版　話を聞かない男、地図が読めない女』(アラン・ピーズ、バーバラ・ピーズ 著、藤井 留美 翻訳／主婦の友社)
『ベスト・パートナーになるために』(ジョン・グレイ 著、大島渚 翻訳／三笠書房)
『傷つくならば、それは「愛」ではない』(チャック・スペザーノ 著、大空夢湧子 翻訳／ヴォイス)
『毎日の暮らしが輝く52の習慣』(ブレット・ブルーメンソール 著、手嶋由美子 翻訳／ディスカヴァー・トゥエンティワン)
『ローマ人の物語』全43巻(塩野七生 著／新潮社)
『美しき愚かものたちのタブロー』(原田マハ 著／文藝春秋)
『金田一少年の事件簿』全34巻(天樹征丸 原作、さとうふみや 著／講談社)
『探偵学園Q』全23巻(天樹征丸 原作、さとうふみや 著／講談社)
『サイコメトラーEIJI』全25巻(安童夕馬 原作、朝基まさし 著／講談社)
『BLOODY MONDAY』全11巻(恵広史、龍門諒 著／講談社)
『神の雫』全44巻(亜樹直 原作、オキモト・シュウ 著／講談社)
『最難関のリーダーシップ』(ロナルド・A・ハイフェッツ 、マーティ・リンスキー、アレクサンダー・グラショウ 著、水上雅人 翻訳／英治出版)
『歴史劇画　大宰相』全10巻(さいとう・たかを 著、戸川猪佐武 原作／講談社)
『貞観政要　全訳注』(呉兢 編集、石見清裕 翻訳／講談社)
『スティーブ・ジョブズ 驚異のプレゼン』(カーマイン・ガロ 著、井口耕二 翻訳／日経BP)
『ハリー・ポッターと賢者の石』(J. K. ローリング 著、松岡佑子 翻訳／静山社)
『梟の城』(司馬遼太郎 著／新潮社)
『国盗り物語』全4巻(司馬遼太郎 著／新潮社)
『竜馬がゆく』全8巻(司馬遼太郎 著／文藝春秋)
『坂の上の雲』全8巻(司馬遼太郎 著／文藝春秋)
『ビジネスモデル・ジェネレーション』(アレックス・オスターワルダー、イヴ・ピニュール 著、小山龍介 翻訳／翔泳社)
『LEAN IN (リーン・イン)』(シェリル・サンドバーグ 著、村井章子 翻訳／日経BP)
『完訳　7つの習慣』(スティーブン・R・コヴィー 著、フランクリン・コヴィー・ジャパン 翻訳／キングベアー出版)
『みみずくは黄昏に飛びたつ』(川上未映子、村上春樹 著／新潮社)
『夏物語』(川上未映子 著／文藝春秋)
『私の消滅』(中村文則 著／文藝春秋)
『教団X』(中村文則 著／集英社)
『プライド』全12巻(一条ゆかり著／集英社)
『ハチミツとクローバー』全10巻(羽海野チカ 著／白泉社)
『3月のライオン』16巻－(羽海野チカ 著／白泉社)
『「いつでもおしゃれ」を実現できる幸せなクローゼットの育て方』(ミランダかあちゃん《輪湖も

参考文献&この本で紹介した本

『西洋占星術の完全独習』(ルネ・ヴァン・ダール研究所/日本文芸社)
『西洋占星術 完全バイブル』(キャロル・テイラー 著、鏡リュウジ 監修、榎木鳰 翻訳/グラフィック社)
『占星術完全ガイド』(ケヴィン・バーク 著、伊泉龍一 翻訳/フォーテュナ)
『占星術と神々の物語』(アリエル・ガットマン、ケネス・ジョンソン 著、伊泉龍一、nico 翻訳/フォーテュナ)
『The Sabian Symbols in Astrology』(Marc Edmund Jones 著/ Aurora Press)
『The Sabian Symbols & Astrological Analysis』(Blain Bovee 著/ Llewellyn Publications)
『プラネタリー・サイクル』(アンドレ・バルボー 著、辻一花、兼松香魚子 翻訳/太玄社)
『星座でわかる運命事典』(鏡リュウジ 著/ソニー・マガジンズ)
『石井ゆかりの星占い教室のノート』(石井ゆかり 著/実業之日本社)
『星使いノート』(海部舞 著/ SBクリエイティブ)
『ものの見方が変わるシン・読書術』(渡邊康弘 著/サンマーク出版)

*

『SLAM DUNK』全31巻(井上雄彦 著/集英社)
『バガボンド』全37巻(井上雄彦 著、吉川英治 原作/講談社)
『陰陽師』全13巻(岡野玲子 著、夢枕獏 原作/白泉社)
『夢をつかむイチロー262のメッセージ』(「夢をつかむイチロー262のメッセージ」編集委員会 著、イチロー 監修/ぴあ)
『ザ・ボディ・ブック』(キャメロン・ディアス 著、高橋璃子、花塚恵、弓場隆 翻訳/ SBクリエイティブ)
『チームが機能するとはどういうことか』(エイミー・C・エドモンドソン 著、野津智子 翻訳/英治出版)
『DRAGON BALL』全42巻(鳥山明 著/集英社)
『働きマン』全4巻(安野モヨコ 著/講談社)
『AKIRA』全6巻(大友克洋 著/講談社)
『グラップラー刃牙』全42巻(板垣恵介 著/秋田書店)
『千の顔をもつ英雄』上下巻(ジョーゼフ・キャンベル 著、倉田真木、斎藤静代、関根光宏 翻訳/早川書房)
『1万円起業』(クリス・ギレボー 著、本田直之 翻訳/飛鳥新社)
『ゴ・エ・ミヨ2023』(ゴ・エ・ミヨ ジャポン編集部/幻冬舎)
『ミシュランガイド東京 2023』(日本ミシュランタイヤ)
『東京カレンダー』(東京カレンダー編集部/東京カレンダー)
『dancyu』(dancyu編集部/プレジデント社)
『マネーという名の犬』(ボード・シェーファー 著、村上世彰 監修、田中順子 翻訳/飛鳥新社)
『賢明なる投資家』(ベンジャミン・グレアム 著、土光篤洋 監修、増沢和美、新美美葉 翻訳/パンローリング)
『銀の匙 Silver Spoon』全15巻(荒川弘 著/小学館)
『日日是好日』(森下典子 著/新潮社)
『推し、燃ゆ』(宇佐見りん 著/河出書房新社)
『運転者』(喜多川泰 著/ディスカヴァー・トゥエンティワン)
『伝説のコピーライティング実践バイブル』(ロバート・コリアー 著、神田昌典 監訳、齋藤慎子 翻訳/ダイヤモンド社)

PROFILE

星尾 夜見

Yomi Hoshio

星と本の専門家。

1984年、横浜市出身。蠍座。青山学院大学卒業。

祖母の教えで4歳から占星術を中心としたスピリチュアル全般を学ぶ。不思議な体験をしたり、ガイド（守護霊）と会話していたりという、見えない存在やエネルギーに敏感な幼少期を過ごす。

大学受験をきっかけに、占星術やスピリチュアルから離れるようになるが、その頃、書店で「運命の本」に出会い、読書をする習慣が身につく。年間3000冊以上の読書で、経済、経営から歴史、さらには古神道、神道、道教、儒教、キリスト教など幅広い知識を持つ。

速読や多読のさまざまなノウハウを身につけ、実践していくうちに、幼少期に持っていた第六感が再び目覚め、本のエネルギーを感じるようになり、本のエネルギーから「運命の本」を見つける「星のビブリオ占い」を開発。

現在、占星術と読書を融合したビジネスコンサルの活動をしながら、SNSで星読みや、未来予測などを発信している。

星読み -STAR READING　https://www.starreading.jp/

「新月・満月カレンダー」や水星、金星などの「惑星の逆行情報」を下記のサイトで掲載しています。この本と併せて参考にしてください。

https://www.starreading.jp/2023

星のビブリオ占い

2023年5月30日　初版発行
2023年7月5日　第2刷発行

著　者　星尾夜見

発行人　黒川精一
発行所　株式会社サンマーク出版
〒169-0074 東京都新宿区北新宿2-21-1
（電）03-5348-7800
印　刷　株式会社暁印刷
製　本　株式会社若林製本工場

ISBN978-4-7631-4052-4　C0095
ホームページ　https://www.sunmark.co.jp

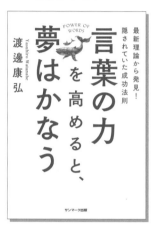